Bérénice

Jean Racine

Bérénice

Édition de 1697

Librio

Texte intégral

PERSONNAGES

TITUS, empereur de Rome.
BÉRÉNICE, reine de Palestine.
ANTIOCHUS, roi de Comagène.
PAULIN, confident de Titus.
ARSACE, confident d'Antiochus.
PHÉNICE, confidente de Bérénice.
RUTILE, Romain.
Suite de Titus.

La scène est à Rome, dans un cabinet
qui est entre l'appartement de Titus et celui de Bérénice.

ACTE PREMIER

SCÈNE PREMIÈRE
Antiochus, Arsace

ANTIOCHUS

Arrêtons un moment. La pompe de ces lieux,
Je le vois bien, Arsace, est nouvelle à tes yeux.
Souvent ce cabinet superbe et solitaire
Des secrets de Titus est le dépositaire.
5   C'est ici quelquefois qu'il se cache à sa cour,
Lorsqu'il vient à la Reine expliquer son amour.
De son appartement cette porte est prochaine,
Et cette autre conduit dans celui de la Reine.
Va chez elle : dis-lui qu'importun à regret,
10   J'ose lui demander un entretien secret.

ARSACE

Vous, Seigneur, importun ? vous, cet ami fidèle
Qu'un soin si généreux intéresse pour elle ?
Vous, cet Antiochus son amant autrefois ?
Vous, que l'Orient compte entre ses plus grands rois ?
15   Quoi ? déjà de Titus épouse en espérance,
Ce rang entre elle et vous met-il tant de distance ?

ANTIOCHUS

Va, dis-je ; et sans vouloir te charger d'autres soins,
Vois si je puis bientôt lui parler sans témoins.

Scène II

ANTIOCHUS, *seul.*

Hé bien, Antiochus, es-tu toujours le même ?
20 Pourrai-je, sans trembler, lui dire : « Je vous aime ? »
Mais quoi ? déjà je tremble, et mon cœur agité
Craint autant ce moment que je l'ai souhaité.
Bérénice autrefois m'ôta toute espérance ;
Elle m'imposa même un éternel silence.
25 Je me suis tu cinq ans, et jusques à ce jour
D'un voile d'amitié j'ai couvert mon amour.
Dois-je croire qu'au rang où Titus la destine
Elle m'écoute mieux que dans la Palestine ?
Il l'épouse. Ai-je donc attendu ce moment
30 Pour me venir encor déclarer son amant ?
Quel fruit me reviendra d'un aveu téméraire ?
Ah ! puisqu'il faut partir, partons sans lui déplaire.
Retirons-nous, sortons ; et sans nous découvrir,
Allons loin de ses yeux l'oublier, ou mourir.
35 Hé quoi ? souffrir toujours un tourment qu'elle ignore ?
Toujours verser des pleurs qu'il faut que je dévore ?
Quoi ? même en la perdant redouter son courroux ?
Belle Reine, et pourquoi vous offenseriez-vous ?
Viens-je vous demander que vous quittiez l'Empire ?
40 Que vous m'aimiez ? Hélas ! je ne viens que vous dire
Qu'après m'être longtemps flatté que mon rival
Trouverait à ses vœux quelque obstacle fatal,
Aujourd'hui qu'il peut tout, que votre hymen s'avance,
Exemple infortuné d'une longue constance,
45 Après cinq ans d'amour et d'espoir superflus,
Je pars, fidèle encor quand je n'espère plus.
Au lieu de s'offenser, elle pourra me plaindre.
Quoi qu'il en soit, parlons : c'est assez nous contraindre.
Et que peut craindre, hélas ! un amant sans espoir
50 Qui peut bien se résoudre à ne la jamais voir ?

Scène III

Antiochus, Arsace

ANTIOCHUS

Arsace, entrerons-nous ?

ARSACE

Seigneur, j'ai vu la Reine ;
Mais pour me faire voir, je n'ai percé qu'à peine
Les flots toujours nouveaux d'un peuple adorateur
Qu'attire sur ses pas sa prochaine grandeur.
55 Titus, après huit jours d'une retraite austère,
Cesse enfin de pleurer Vespasien son père.
Cet amant se redonne aux soins de son amour ;
Et si j'en crois, Seigneur, l'entretien de la cour,
Peut-être avant la nuit l'heureuse Bérénice
60 Change le nom de reine au nom d'impératrice.

ANTIOCHUS

Hélas !

ARSACE

Quoi ? ce discours pourrait-il vous troubler ?

ANTIOCHUS

Ainsi donc sans témoins je ne lui puis parler ?

ARSACE

Vous la verrez, Seigneur : Bérénice est instruite
Que vous voulez ici la voir seule et sans suite.
65 La Reine d'un regard a daigné m'avertir
Qu'à votre empressement elle allait consentir ;
Et sans doute elle attend le moment favorable
Pour disparaître aux yeux d'une cour qui l'accable.

ANTIOCHUS

Il suffit. Cependant n'as-tu rien négligé
70 Des ordres importants dont je t'avais chargé ?

ARSACE

Seigneur, vous connaissez ma prompte obéissance.

Des vaisseaux dans Ostie armés en diligence,
Prêts à quitter le port de moments en moments,
N'attendent pour partir que vos commandements.
75 Mais qui renvoyez-vous dans votre Comagène ?

ANTIOCHUS

Arsace, il faut partir quand j'aurai vu la Reine.

ARSACE

Qui doit partir ?

ANTIOCHUS

Moi.

ARSACE

Vous ?

ANTIOCHUS

En sortant du palais,
Je sors de Rome, Arsace, et j'en sors pour jamais.

ARSACE

Je suis surpris sans doute, et c'est avec justice.
80 Quoi ! depuis si longtemps la reine Bérénice
Vous arrache, Seigneur, du sein de vos États ;
Depuis trois ans dans Rome elle arrête vos pas ;
Et lorsque cette reine, assurant sa conquête,
Vous attend pour témoin de cette illustre fête,
85 Quand l'amoureux Titus, devenant son époux,
Lui prépare un éclat qui rejaillit sur vous…

ANTIOCHUS

Arsace, laisse-la jouir de sa fortune,
Et quitte un entretien dont le cours m'importune.

ARSACE

Je vous entends, Seigneur. Ces mêmes dignités
90 Ont rendu Bérénice ingrate à vos bontés ;
L'inimitié succède à l'amitié trahie.

ANTIOCHUS

Non, Arsace, jamais je ne l'ai moins haïe.

ARSACE

Quoi donc ? de sa grandeur déjà trop prévenu,
Le nouvel empereur vous a-t-il méconnu ?
95   Quelque pressentiment de son indifférence
Vous fait-il loin de Rome éviter sa présence ?

ANTIOCHUS

Titus n'a point pour moi paru se démentir :
J'aurais tort de me plaindre.

ARSACE

             Et pourquoi donc partir ?
Quel caprice vous rend ennemi de vous-même ?
100 Le ciel met sur le trône un prince qui vous aime,
Un prince qui jadis témoin de vos combats
Vous vit chercher la gloire et la mort sur ses pas,
Et de qui la valeur, par vos soins secondée,
Mit enfin sous le joug la rebelle Judée.
105 Il se souvient du jour illustre et douloureux
Qui décida du sort d'un long siège douteux :
Sur leur triple rempart les ennemis tranquilles
Contemplaient sans péril nos assauts inutiles ;
Le bélier impuissant les menaçait en vain.
110 Vous seul, Seigneur, vous seul, une échelle à la main,
Vous portâtes la mort jusque sur leurs murailles.
Ce jour presque éclaira vos propres funérailles :
Titus vous embrassa mourant entre mes bras,
Et tout le camp vainqueur pleura votre trépas.
115 Voici le temps, Seigneur, où vous devez attendre
Le fruit de tant de sang qu'ils vous ont vu répandre.
Si pressé du désir de revoir vos États
Vous vous lassez de vivre où vous ne régnez pas,
Faut-il que sans honneur l'Euphrate vous revoie ?
120 Attendez pour partir que César vous renvoie
Triomphant et chargé des titres souverains
Qu'ajoute encore aux rois l'amitié des Romains.
Rien ne peut-il, Seigneur, changer votre entreprise ?
Vous ne répondez point.

ANTIOCHUS

Que veux-tu que je dise ?
125   J'attends de Bérénice un moment d'entretien.

ARSACE

Hé bien, Seigneur ?

ANTIOCHUS

Son sort décidera du mien.

ARSACE

Comment ?

ANTIOCHUS

Sur son hymen j'attends qu'elle s'explique.
Si sa bouche s'accorde avec la voix publique,
S'il est vrai qu'on l'élève au trône des Césars,
130   Si Titus a parlé, s'il l'épouse, je pars.

ARSACE

Mais qui rend à vos yeux cet hymen si funeste ?

ANTIOCHUS

Quand nous serons partis, je te dirai le reste.

ARSACE

Dans quel trouble, Seigneur, jetez-vous mon esprit !

ANTIOCHUS

La Reine vient. Adieu : fais tout ce que j'ai dit.

Scène IV
Bérénice, Antiochus, Phénice

BÉRÉNICE

135   Enfin je me dérobe à la joie importune
De tant d'amis nouveaux que me fait la fortune ;
Je fuis de leurs respects l'inutile longueur,
Pour chercher un ami qui me parle du cœur.
Il ne faut point mentir : ma juste impatience
140   Vous accusait déjà de quelque négligence.

Quoi? cet Antiochus, disais-je, dont les soins
Ont eu tout l'Orient et Rome pour témoins;
Lui que j'ai vu toujours constant dans mes traverses
Suivre d'un pas égal mes fortunes diverses;
145   Aujourd'hui que le ciel semble me présager
Un honneur qu'avec vous je prétends partager,
Ce même Antiochus, se cachant à ma vue,
Me laisse à la merci d'une foule inconnue?

ANTIOCHUS

Il est donc vrai, Madame? Et selon ce discours
150   L'hymen va succéder à vos longues amours?

BÉRÉNICE

Seigneur, je vous veux bien confier mes alarmes.
Ces jours ont vu mes yeux baignés de quelques larmes:
Ce long deuil que Titus imposait à sa cour
Avait même en secret suspendu son amour.
155   Il n'avait plus pour moi cette ardeur assidue
Lorsqu'il passait les jours attaché sur ma vue.
Muet, chargé de soins, et les larmes aux yeux,
Il ne me laissait plus que de tristes adieux.
Jugez de ma douleur, moi dont l'ardeur extrême,
160   Je vous l'ai dit cent fois, n'aime en lui que lui-même;
Moi qui, loin des grandeurs dont il est revêtu,
Aurais choisi son cœur, et cherché sa vertu.

ANTIOCHUS

Il a repris pour vous sa tendresse première?

BÉRÉNICE

Vous fûtes spectateur de cette nuit dernière,
165   Lorsque, pour seconder ses soins religieux,
Le sénat a placé son père entre les Dieux.
De ce juste devoir sa piété contente
A fait place, Seigneur, au soin de son amante;
Et même en ce moment, sans qu'il m'en ait parlé,
170   Il est dans le sénat, par son ordre assemblé.
Là, de la Palestine il étend la frontière;
Il y joint l'Arabie et la Syrie entière;

Et si de ses amis j'en dois croire la voix,
Si j'en crois ses serments redoublés mille fois,
175 Il va sur tant d'États couronner Bérénice,
Pour joindre à plus de noms le nom d'impératrice.
Il m'en viendra lui-même assurer en ce lieu.

ANTIOCHUS

Et je viens donc vous dire un éternel adieu.

BÉRÉNICE

Que dites-vous? Ah ciel! quel adieu! quel langage!
180 Prince, vous vous troublez et changez de visage?

ANTIOCHUS

Madame, il faut partir.

BÉRÉNICE

Quoi? ne puis-je savoir.
Quel sujet...

ANTIOCHUS

Il fallait partir sans la revoir.

BÉRÉNICE

Que craignez-vous? Parlez: c'est trop longtemps se taire.
Seigneur, de ce départ quel est donc le mystère?

ANTIOCHUS

185 Au moins souvenez-vous que je cède à vos lois,
Et que vous m'écoutez pour la dernière fois.
Si, dans ce haut degré de gloire et de puissance,
Il vous souvient des lieux où vous prîtes naissance,
Madame, il vous souvient que mon cœur en ces lieux
190 Reçut le premier trait qui partit de vos yeux.
J'aimai; j'obtins l'aveu d'Agrippa votre frère.
Il vous parla pour moi. Peut-être sans colère
Alliez-vous de mon cœur recevoir le tribut:
Titus, pour mon malheur vint, vous vit, et vous plut;
195 Il parut devant vous dans tout l'éclat d'un homme
Qui porte entre ses mains la vengeance de Rome.
La Judée en pâlit. Le triste Antiochus

Se compta le premier au nombre des vaincus.
Bientôt de mon malheur interprète sévère,
200 Votre bouche à la mienne ordonna de se taire.
Je disputai longtemps, je fis parler mes yeux ;
Mes pleurs et mes soupirs vous suivaient en tous lieux.
Enfin votre rigueur emporta la balance ;
Vous sûtes m'imposer l'exil, ou le silence :
205 Il fallut le promettre, et même le jurer.
Mais puisqu'en ce moment j'ose me déclarer,
Lorsque vous m'arrachiez cette injuste promesse,
Mon cœur faisait serment de vous aimer sans cesse.

BÉRÉNICE

Ah ! que me dites-vous ?

ANTIOCHUS

Je me suis tu cinq ans,
210 Madame, et vais encor me taire plus longtemps.
De mon heureux rival j'accompagnai les armes ;
J'espérai de verser mon sang après mes larmes,
Ou qu'au moins, jusqu'à vous porté par mille exploits,
Mon nom pourrait parler, au défaut de ma voix.
215 Le ciel sembla promettre une fin à ma peine :
Vous pleurâtes ma mort, hélas ! trop peu certaine.
Inutiles périls ! Quelle était mon erreur !
La valeur de Titus surpassait ma fureur.
Il faut qu'à sa vertu mon estime réponde :
220 Quoique attendu, Madame, à l'empire du monde,
Chéri de l'univers, enfin aimé de vous,
Il semblait à lui seul appeler tous les coups,
Tandis que sans espoir, haï, lassé de vivre,
Son malheureux rival ne semblait que le suivre.
225 Je vois que votre cœur m'applaudit en secret ;
Je vois que l'on m'écoute avec moins de regret,
Et que trop attentive à ce récit funeste,
En faveur de Titus vous pardonnez le reste.
Enfin, après un siège aussi cruel que lent,
230 Il dompta les mutins, reste pâle et sanglant
Des flammes, de la faim, des fureurs intestines,

Et laissa leurs remparts cachés sous leurs ruines.
Rome vous vit, Madame, arriver avec lui.
Dans l'Orient désert quel devint mon ennui!
235 Je demeurai longtemps errant dans Césarée,
Lieux charmants où mon cœur vous avait adorée.
Je vous redemandais à vos tristes États;
Je cherchais en pleurant les traces de vos pas.
Mais enfin succombant à ma mélancolie,
240 Mon désespoir tourna mes pas vers l'Italie.
Le sort m'y réservait le dernier de ses coups.
Titus en m'embrassant m'amena devant vous.
Un voile d'amitié vous trompa l'un et l'autre,
Et mon amour devint le confident du vôtre.
245 Mais toujours quelque espoir flattait mes déplaisirs:
Rome, Vespasien traversaient vos soupirs;
Après tant de combats Titus cédait peut-être.
Vespasien est mort, et Titus est le maître.
Que ne fuyais-je alors! J'ai voulu quelques jours
250 De son nouvel empire examiner le cours.
Mon sort est accompli. Votre gloire s'apprête.
Assez d'autres sans moi, témoins de cette fête,
À vos heureux transports viendront joindre les leurs;
Pour moi, qui ne pourrais y mêler que des pleurs,
255 D'un inutile amour trop constante victime,
Heureux dans mes malheurs d'en avoir pu sans crime
Conter toute l'histoire aux yeux qui les ont faits,
Je pars plus amoureux que je ne fus jamais.

BÉRÉNICE
Seigneur, je n'ai pas cru que dans une journée
260 Qui doit avec César unir ma destinée,
Il fût quelque mortel qui pût impunément
Se venir à mes yeux déclarer mon amant,
Mais de mon amitié mon silence est un gage:
J'oublie en sa faveur un discours qui m'outrage.
265 Je n'en ai point troublé le cours injurieux;
Je fais plus: à regret je reçois vos adieux.
Le ciel sait qu'au milieu des honneurs qu'il m'envoie,

Je n'attendais que vous pour témoin de ma joie.
Avec tout l'univers j'honorais vos vertus ;
270 Titus vous chérissait, vous admiriez Titus.
Cent fois je me suis fait une douceur extrême
D'entretenir Titus dans un autre lui-même.

ANTIOCHUS

Et c'est ce que je fuis. J'évite, mais trop tard,
Ces cruels entretiens, où je n'ai point de part.
275 Je fuis Titus. Je fuis ce nom qui m'inquiète,
Ce nom qu'à tous moments votre bouche répète.
Que vous dirai-je enfin ? Je fuis des yeux distraits,
Qui me voyant toujours, ne me voyaient jamais.
Adieu : je vais, le cœur trop plein de votre image,
280 Attendre, en vous aimant, la mort pour mon partage.
Surtout ne craignez point qu'une aveugle douleur
Remplisse l'univers du bruit de mon malheur,
Madame ; le seul bruit d'une mort que j'implore
Vous fera souvenir que je vivais encore.
285 Adieu.

Scène v
Bérénice, Phénice

PHÉNICE

Que je le plains ! Tant de fidélité,
Madame, méritait plus de prospérité.
Ne le plaignez-vous pas ?

BÉRÉNICE

Cette prompte retraite
Me laisse, je l'avoue, une douleur secrète.

PHÉNICE

Je l'aurais retenu.

BÉRÉNICE

Qui ? moi ? le retenir ?
290 J'en dois perdre plutôt jusques au souvenir.
Tu veux donc que je flatte une ardeur insensée ?

Titus n'a point encore expliqué sa pensée.
Rome vous voit, Madame, avec des yeux jaloux ;
La rigueur de ses lois m'épouvante pour vous.
295 L'hymen chez les Romains n'admet qu'une Romaine ;
Rome hait tous les rois, et Bérénice est reine.

BÉRÉNICE

Le temps n'est plus, Phénice, où je pouvais trembler.
Titus m'aime, il peut tout, il n'a plus qu'à parler.
Il verra le sénat m'apporter ses hommages,
300 Et le peuple, de fleurs couronner ses images.
De cette nuit, Phénice, as-tu vu la splendeur ?
Tes yeux ne sont-ils pas tout pleins de sa grandeur ?
Ces flambeaux, ce bûcher, cette nuit enflammée,
Ces aigles, ces faisceaux, ce peuple, cette armée,
305 Cette foule de rois, ces consuls, ce sénat,
Qui tous, de mon amant empruntaient leur éclat ;
Cette pourpre, cet or, que rehaussait sa gloire,
Et ces lauriers encor témoins de sa victoire ;
Tous ces yeux qu'on voyait venir de toutes parts
310 Confondre sur lui seul leurs avides regards ;
Ce port majestueux, cette douce présence.
Ciel ! avec quel respect et quelle complaisance
Tous les cœurs en secret l'assuraient de leur foi !
Parle : peut-on le voir sans penser comme moi
315 Qu'en quelque obscurité que le sort l'eût fait naître,
Le monde, en le voyant, eût reconnu son maître ?
Mais, Phénice, où m'emporte un souvenir charmant ?
Cependant Rome entière, en ce même moment,
Fait des vœux pour Titus, et par des sacrifices
320 De son règne naissant célèbre les prémices.
Que tardons-nous ? Allons, pour son empire heureux,
Au ciel, qui le protège, offrir aussi nos vœux.
Aussitôt, sans l'attendre, et sans être attendue,
Je reviens le chercher, et dans cette entrevue
325 Dire tout ce qu'aux cœurs l'un de l'autre contents
Inspirent des transports retenus si longtemps.

ACTE II

SCÈNE PREMIÈRE
Titus, Paulin, suite

TITUS

A-t-on vu de ma part le roi de Comagène?
Sait-il que je l'attends?

PAULIN

J'ai couru chez la Reine.
Dans son appartement ce Prince avait paru;
330 Il en était sorti lorsque j'y suis couru.
De vos ordres, Seigneur, j'ai dit qu'on l'avertisse.

TITUS

Il suffit. Et que fait la reine Bérénice?

PAULIN

La Reine, en ce moment, sensible à vos bontés,
Charge le ciel de vœux pour vos prospérités.
335 Elle sortait, Seigneur.

TITUS

Trop aimable Princesse!
Hélas!

PAULIN

En sa faveur d'où naît cette tristesse?
L'Orient presque entier va fléchir sous sa loi:
Vous la plaignez?

TITUS

Paulin, qu'on vous laisse avec moi.

Scène II

Titus, Paulin

TITUS

Hé bien ! de mes desseins Rome encore incertaine
340   Attend que deviendra le destin de la Reine,
Paulin ; et les secrets de son cœur et du mien
Sont de tout l'univers devenus l'entretien.
Voici le temps enfin qu'il faut que je m'explique.
De la Reine et de moi que dit la voix publique ?
345   Parlez : qu'entendez-vous ?

PAULIN

                J'entends de tous côtés
Publier vos vertus, Seigneur, et ses beautés.

TITUS

Que dit-on des soupirs que je pousse pour elle ?
Quel succès attend-on d'un amour si fidèle ?

PAULIN

Vous pouvez tout : aimez, cessez d'être amoureux,
350   La cour sera toujours du parti de vos vœux.

TITUS

Et je l'ai vue aussi cette cour peu sincère,
À ses maîtres toujours trop soigneuse de plaire,
Des crimes de Néron approuver les horreurs ;
Je l'ai vue à genoux consacrer ses fureurs.
355   Je ne prends point pour juge une cour idolâtre,
Paulin : je me propose un plus noble théâtre ;
Et sans prêter l'oreille à la voix des flatteurs,
Je veux par votre bouche entendre tous les cœurs.
Vous me l'avez promis. Le respect et la crainte
360   Ferment autour de moi le passage à la plainte ;
Pour mieux voir, cher Paulin, et pour entendre mieux,

Je vous ai demandé des oreilles, des yeux.
J'ai mis même à ce prix mon amitié secrète :
J'ai voulu que des cœurs vous fussiez l'interprète,
365 Qu'au travers des flatteurs votre sincérité
Fît toujours jusqu'à moi passer la vérité.
Parlez donc. Que faut-il que Bérénice espère ?
Rome lui sera-t-elle indulgente ou sévère ?
Dois-je croire qu'assise au trône des Césars,
370 Une si belle reine offensât ses regards ?

PAULIN

N'en doutez point, Seigneur. Soit raison, soit caprice,
Rome ne l'attend point pour son impératrice.
On sait qu'elle est charmante ; et de si belles mains
Semblent vous demander l'empire des humains.
375 Elle a même, dit-on, le cœur d'une Romaine ;
Elle a mille vertus. Mais, Seigneur, elle est reine.
Rome, par une loi qui ne se peut changer,
N'admet avec son sang aucun sang étranger,
Et ne reconnaît point les fruits illégitimes
380 Qui naissent d'un hymen contraire à ses maximes.
D'ailleurs, vous le savez, en bannissant ses rois,
Rome à ce nom si noble et si saint autrefois,
Attacha pour jamais une haine puissante ;
Et quoiqu'à ses Césars fidèle, obéissante,
385 Cette haine, Seigneur, reste de sa fierté,
Survit dans tous les cœurs après la liberté.
Jules, qui le premier la soumit à ses armes,
Qui fit taire les lois dans le bruit des alarmes,
Brûla pour Cléopâtre, et, sans se déclarer,
390 Seule dans l'Orient la laissa soupirer.
Antoine, qui l'aima jusqu'à l'idolâtrie,
Oublia dans son sein sa gloire et sa patrie,
Sans oser toutefois se nommer son époux.
Rome l'alla chercher jusques à ses genoux,
395 Et ne désarma point sa fureur vengeresse,
Qu'elle n'eût accablé l'amant et la maîtresse.
Depuis ce temps, Seigneur, Caligula, Néron,

Monstres dont à regret je cite ici le nom,
Et qui ne conservant que la figure d'homme,
400 Foulèrent à leurs pieds toutes les lois de Rome,
Ont craint cette loi seule, et n'ont point à nos yeux
Allumé le flambeau d'un hymen odieux.
Vous m'avez commandé sur tout d'être sincère.
De l'affranchi Pallas nous avons vu le frère,
405 Des fers de Claudius Félix encor flétri,
De deux reines, Seigneur, devenir le mari;
Et s'il faut jusqu'au bout que je vous obéisse,
Ces deux reines étaient du sang de Bérénice.
Et vous croiriez pouvoir, sans blesser nos regards,
410 Faire entrer une reine au lit de nos Césars,
Tandis que l'Orient dans le lit de ses reines
Voit passer un esclave au sortir de nos chaînes?
C'est ce que les Romains pensent de votre amour;
Et je ne réponds pas, avant la fin du jour,
415 Que le sénat, chargé des vœux de tout l'empire,
Ne vous redise ici ce que je viens de dire;
Et que Rome avec lui tombant à vos genoux,
Ne vous demande un choix digne d'elle et de vous.
Vous pouvez préparer, Seigneur, votre réponse.

TITUS
420 Hélas! à quel amour on veut que je renonce!

PAULIN
Cet amour est ardent, il le faut confesser.

TITUS
Plus ardent mille fois que tu ne peux penser,
Paulin. Je me suis fait un plaisir nécessaire
De la voir chaque jour, de l'aimer, de lui plaire.
425 J'ai fait plus. Je n'ai rien de secret à tes yeux:
J'ai pour elle cent fois rendu grâces aux Dieux
D'avoir choisi mon père au fond de l'Idumée,
D'avoir rangé sous lui l'Orient et l'armée,
Et soulevant encor le reste des humains,
430 Remis Rome sanglante en ses paisibles mains.

J'ai même souhaité la place de mon père,
Moi, Paulin, qui cent fois, si le sort moins sévère
Eût voulu de sa vie étendre les liens,
Aurais donné mes jours pour prolonger les siens :
435 Tout cela (qu'un amant sait mal ce qu'il désire !)
Dans l'espoir d'élever Bérénice à l'Empire,
De reconnaître un jour son amour et sa foi,
Et de voir à ses pieds tout le monde avec moi.
Malgré tout mon amour, Paulin, et tous ses charmes,
440 Après mille serments appuyés de mes larmes,
Maintenant que je puis couronner tant d'attraits,
Maintenant que je l'aime encor plus que jamais,
Lorsqu'un heureux hymen, joignant nos destinées,
Peut payer en un jour les vœux de cinq années,
445 Je vais, Paulin… Ô ciel ! puis-je le déclarer ?

PAULIN

Quoi ? Seigneur.

TITUS
Pour jamais je vais m'en séparer.
Mon cœur en ce moment ne vient pas de se rendre.
Si je t'ai fait parler, si j'ai voulu t'entendre,
Je voulais que ton zèle achevât en secret
450 De confondre un amour qui se tait à regret.
Bérénice a longtemps balancé la victoire ;
Et si je penche enfin du côté de ma gloire,
Crois qu'il m'en a coûté, pour vaincre tant d'amour,
Des combats dont mon cœur saignera plus d'un jour.
455 J'aimais, je soupirais dans une paix profonde :
Un autre était chargé de l'empire du monde ;
Maître de mon destin, libre dans mes soupirs,
Je ne rendais qu'à moi compte de mes désirs.
Mais à peine le ciel eut rappelé mon père,
460 Dès que ma triste main eut fermé sa paupière,
De mon aimable erreur je fus désabusé :
Je sentis le fardeau qui m'était imposé ;
Je connus que bientôt, loin d'être à ce que j'aime,
Il fallait, cher Paulin, renoncer à moi-même ;

465 Et que le choix des Dieux, contraire à mes amours,
Livrait à l'univers le reste de mes jours.
Rome observe aujourd'hui ma conduite nouvelle.
Quelle honte pour moi, quel présage pour elle,
Si dès le premier pas, renversant tous ses droits,
470 Je fondais mon bonheur sur le débris des lois !
Résolu d'accomplir ce cruel sacrifice,
J'y voulus préparer la triste Bérénice.
Mais par où commencer ? Vingt fois depuis huit jours,
J'ai voulu devant elle en ouvrir le discours ;
475 Et dès le premier mot ma langue embarrassée
Dans ma bouche vingt fois a demeuré glacée.
J'espérais que du moins mon trouble et ma douleur
Lui ferait pressentir notre commun malheur ;
Mais sans me soupçonner, sensible à mes alarmes,
480 Elle m'offre sa main pour essuyer mes larmes,
Et ne prévoit rien moins dans cette obscurité
Que la fin d'un amour qu'elle a trop mérité.
Enfin j'ai ce matin rappelé ma constance :
Il faut la voir, Paulin, et rompre le silence.
485 J'attends Antiochus pour lui recommander
Ce dépôt précieux que je ne puis garder.
Jusque dans l'Orient je veux qu'il la ramène.
Demain Rome avec lui verra partir la Reine.
Elle en sera bientôt instruite par ma voix,
490 Et je vais lui parler pour la dernière fois.

PAULIN

Je n'attendais pas moins de cet amour de gloire
Qui partout après vous attacha la victoire.
La Judée asservie et ses remparts fumants,
De cette noble ardeur éternels monuments,
495 Me répondaient assez que votre grand courage
Ne voudrait pas, Seigneur, détruire son ouvrage ;
Et qu'un héros vainqueur de tant de nations
Saurait bien, tôt ou tard, vaincre ses passions.

TITUS

Ah ! que sous de beaux noms cette gloire est cruelle !

500   Combien mes tristes yeux la trouveraient plus belle,
S'il ne fallait encor qu'affronter le trépas !
Que dis-je ? Cette ardeur que j'ai pour ses appas,
Bérénice en mon sein l'a jadis allumée.
Tu ne l'ignores pas : toujours la Renommée
505   Avec le même éclat n'a pas semé mon nom.
Ma jeunesse, nourrie à la cour de Néron,
S'égarait, cher Paulin, par l'exemple abusée,
Et suivait du plaisir la pente trop aisée.
Bérénice me plut. Que ne fait point un cœur
510   Pour plaire à ce qu'il aime, et gagner son vainqueur ?
Je prodiguai mon sang ; tout fit place à mes armes.
Je revins triomphant. Mais le sang et les larmes
Ne me suffisaient pas pour mériter ses vœux :
J'entrepris le bonheur de mille malheureux.
515   On vit de toutes parts mes bontés se répandre :
Heureux ! et plus heureux que tu ne peux comprendre,
Quand je pouvais paraître à ses yeux satisfaits
Chargé de mille cœurs conquis par mes bienfaits !
Je lui dois tout, Paulin. Récompense cruelle !
520   Tout ce que je lui dois va retomber sur elle.
Pour prix de tant de gloire et de tant de vertus,
Je lui dirai : « Partez, et ne me voyez plus. »

PAULIN

Hé quoi ! Seigneur, hé quoi ! cette magnificence
Qui va jusqu'à l'Euphrate étendre sa puissance,
525   Tant d'honneurs, dont l'excès a surpris le sénat,
Vous laissent-ils encor craindre le nom d'ingrat ?
Sur cent peuples nouveaux Bérénice commande.

TITUS

Faibles amusements d'une douleur si grande !
Je connais Bérénice, et ne sais que trop bien
530   Que son cœur n'a jamais demandé que le mien.
Je l'aimai, je lui plus. Depuis cette journée
(Dois-je dire funeste, hélas ! ou fortunée ?),
Sans avoir en aimant d'objet que son amour,
Étrangère dans Rome, inconnue à la cour,

535 Elle passe ses jours, Paulin, sans rien prétendre
Que quelque heure à me voir, et le reste à m'attendre.
Encor si quelquefois un peu moins assidu
Je passe le moment où je suis attendu,
Je la revois bientôt de pleurs toute trempée.
540 Ma main à les sécher est longtemps occupée.
Enfin tout ce qu'Amour a de nœuds plus puissants,
Doux reproches, transports sans cesse renaissants,
Soin de plaire sans art, crainte toujours nouvelle,
Beauté, gloire, vertu, je trouve tout en elle.
545 Depuis cinq ans entiers chaque jour je la vois,
Et crois toujours la voir pour la première fois.
N'y songeons plus. Allons, cher Paulin : plus j'y pense,
Plus je sens chanceler ma cruelle constance.
Quelle nouvelle, ô ciel ! je lui vais annoncer !
550 Encore un coup, allons, il n'y faut plus penser.
Je connais mon devoir, c'est à moi de le suivre :
Je n'examine point si j'y pourrai survivre.

Scène III
Titus, Paulin, Rutile

RUTILE

Bérénice, Seigneur, demande à vous parler.

TITUS

Ah ! Paulin.

PAULIN

Quoi ? déjà vous semblez reculer !

555 De vos nobles projets, Seigneur, qu'il vous souvienne :
Voici le temps.

TITUS

Hé bien, voyons-la. Qu'elle vienne.

Bérénice, Titus, Paulin, Phénice

BÉRÉNICE

Ne vous offensez pas, si mon zèle indiscret
De votre solitude interrompt le secret.
Tandis qu'autour de moi votre cour assemblée
560 Retentit des bienfaits dont vous m'avez comblée,
Est-il juste, Seigneur, que seule en ce moment
Je demeure sans voix et sans ressentiment ?
Mais, Seigneur (car je sais que cet ami sincère
Du secret de nos cœurs connaît tout le mystère),
565 Votre deuil est fini, rien n'arrête vos pas,
Vous êtes seul enfin, et ne me cherchez pas.
J'entends que vous m'offrez un nouveau diadème,
Et ne puis cependant vous entendre vous-même.
Hélas ! plus de repos, Seigneur, et moins d'éclat.
570 Votre amour ne peut-il paraître qu'au sénat ?
Ah ! Titus ! car enfin l'amour fuit la contrainte
De tous ces noms que suit le respect et la crainte.
De quel soin votre amour va-t-il s'importuner ?
N'a-t-il que des États qu'il me puisse donner ?
575 Depuis quand croyez-vous que ma grandeur me touche ?
Un soupir, un regard, un mot de votre bouche,
Voilà l'ambition d'un cœur comme le mien.
Voyez-moi plus souvent, et ne me donnez rien.
Tous vos moments sont-ils dévoués à l'Empire ?
580 Ce cœur, après huit jours, n'a-t-il rien à me dire ?
Qu'un mot va rassurer mes timides esprits !
Mais parliez-vous de moi quand je vous ai surpris ?
Dans vos secrets discours étais-je intéressée,
Seigneur ? Étais-je au moins présente à la pensée ?

TITUS

585 N'en doutez point, Madame ; et j'atteste les Dieux
Que toujours Bérénice est présente à mes yeux.
L'absence ni le temps, je vous le jure encore,
Ne vous peuvent ravir ce cœur qui vous adore.

BÉRÉNICE

Hé quoi ? vous me jurez une éternelle ardeur,
590 Et vous me la jurez avec cette froideur ?
Pourquoi même du ciel attester la puissance ?
Faut-il par des serments vaincre ma défiance ?
Mon cœur ne prétend point, Seigneur, vous démentir,
Et je vous en croirai sur un simple soupir.

TITUS

595 Madame…

BÉRÉNICE

Hé bien ? Seigneur. Mais quoi, sans me répondre,
Vous détournez les yeux et semblez vous confondre !
Ne m'offrirez-vous plus qu'un visage interdit ?
Toujours la mort d'un père occupe votre esprit ?
Rien ne peut-il charmer l'ennui qui vous dévore ?

TITUS

600 Plût au ciel que mon père, hélas ! vécût encore !
Que je vivais heureux !

BÉRÉNICE

Seigneur, tous ces regrets
De votre piété sont de justes effets ;
Mais vos pleurs ont assez honoré sa mémoire :
Vous devez d'autres soins à Rome, à votre gloire.
605 De mon propre intérêt je n'ose vous parler.
Bérénice autrefois pouvait vous consoler ;
Avec plus de plaisir vous m'avez écoutée.
De combien de malheurs pour vous persécutée,
Vous ai-je pour un mot sacrifié mes pleurs !
610 Vous regrettez un père. Hélas, faibles douleurs !
Et moi (ce souvenir me fait frémir encore),
On voulait m'arracher de tout ce que j'adore ;
Moi, dont vous connaissez le trouble et le tourment
Quand vous ne me quittez que pour quelque moment ;
615 Moi, qui mourrais le jour qu'on voudrait m'interdire
De vous…

TITUS

Madame, hélas! que me venez-vous dire?
Quel temps choisissez-vous? Ah! de grâce, arrêtez.
C'est trop pour un ingrat prodiguer vos bontés.

BÉRÉNICE

Pour un ingrat, Seigneur! Et le pouvez-vous être?
620   Ainsi donc mes bontés vous fatiguent peut-être?

TITUS

Non, Madame. Jamais, puisqu'il faut vous parler,
Mon cœur de plus de feux ne se sentit brûler.
Mais...

BÉRÉNICE

     Achevez.

TITUS

        Hélas!

BÉRÉNICE

     Parlez.

TITUS

           Rome... L'Empire...

BÉRÉNICE

Hé bien?

TITUS

     Sortons, Paulin: je ne lui puis rien dire.

Scène v
Bérénice, Phénice

BÉRÉNICE

625   Quoi! me quitter sitôt, et ne me dire rien?
Chère Phénice, hélas! quel funeste entretien!
Qu'ai-je fait? Que veut-il? Et que dit ce silence?

Comme vous je me perds d'autant plus que j'y pense.
Mais ne s'offre-t-il rien à votre souvenir
630 Qui contre vous, Madame, ait pu le prévenir ?
Voyez, examinez.

BÉRÉNICE

Hélas ! tu peux m'en croire,
Plus je veux du passé rappeler la mémoire,
Du jour que je le vis jusqu'à ce triste jour,
Plus je vois qu'on me peut reprocher trop d'amour.
635 Mais tu nous entendais. Il ne faut rien me taire.
Parle. N'ai-je rien dit qui lui puisse déplaire ?
Que sais-je ? J'ai peut-être avec trop de chaleur
Rabaissé ses présents ou blâmé sa douleur.
N'est-ce point que de Rome il redoute la haine ?
640 Il craint peut-être, il craint d'épouser une reine.
Hélas ! s'il était vrai… Mais non, il a cent fois
Rassuré mon amour contre leurs dures lois ;
Cent fois… Ah ! qu'il m'explique un silence si rude :
Je ne respire pas dans cette incertitude.
645 Moi, je vivrais, Phénice, et je pourrais penser
Qu'il me néglige, ou bien que j'ai pu l'offenser ?
Retournons sur ses pas. Mais quand je m'examine,
Je crois de ce désordre entrevoir l'origine,
Phénice : il aura su tout ce qui s'est passé ;
650 L'amour d'Antiochus l'a peut-être offensé.
Il attend, m'a-t-on dit, le roi de Comagène.
Ne cherchons point ailleurs le sujet de ma peine.
Sans doute ce chagrin qui vient de m'alarmer
N'est qu'un léger soupçon facile à désarmer.
655 Je ne te vante point cette faible victoire,
Titus. Ah ! plût au ciel que sans blesser ta gloire
Un rival plus puissant voulût tenter ma foi,
Et pût mettre à mes pieds plus d'empires que toi ;
Que de sceptres sans nombre il pût payer ma flamme,
660 Que ton amour n'eût rien à donner que ton âme :
C'est alors, cher Titus, qu'aimé, victorieux,

Tu verrais de quel prix ton cœur est à mes yeux.
Allons, Phénice, un mot pourra le satisfaire.
Rassurons-nous, mon cœur, je puis encor lui plaire :
665 Je me comptais trop tôt au rang des malheureux.
Si Titus est jaloux, Titus est amoureux.

ACTE III

SCÈNE PREMIÈRE
Titus, Antiochus, Arsace

TITUS

Quoi! Prince, vous partiez? Quelle raison subite
Presse votre départ, ou plutôt votre fuite?
Vouliez-vous me cacher jusques à vos adieux?
670   Est-ce comme ennemi que vous quittez ces lieux?
Que diront avec moi la cour, Rome, l'Empire?
Mais, comme votre ami, que ne puis-je point dire?
De quoi m'accusez-vous? Vous avais-je sans choix
Confondu jusqu'ici dans la foule des rois?
675   Mon cœur vous fut ouvert tant qu'a vécu mon père:
C'était le seul présent que je pouvais vous faire.
Et lorsque avec mon cœur ma main peut s'épancher,
Vous fuyez mes bienfaits tout prêts à vous chercher?
Pensez-vous qu'oubliant ma fortune passée,
680   Sur ma seule grandeur j'arrête ma pensée?
Et que tous mes amis s'y présentent de loin
Comme autant d'inconnus dont je n'ai plus besoin?
Vous-même, à mes regards qui vouliez vous soustraire,
Prince, plus que jamais vous m'êtes nécessaire.

ANTIOCHUS

685   Moi, Seigneur?

TITUS

Vous.

ANTIOCHUS

Hélas ! d'un prince malheureux
Que pouvez-vous, Seigneur, attendre que des vœux ?

TITUS

Je n'ai pas oublié, Prince, que ma victoire
Devait à vos exploits la moitié de sa gloire,
Que Rome vit passer au nombre des vaincus
690 Plus d'un captif chargé des fers d'Antiochus,
Que dans le Capitole elle voit attachées
Les dépouilles des Juifs par vos mains arrachées.
Je n'attends pas de vous de ces sanglants exploits,
Et je veux seulement emprunter votre voix.
695 Je sais que Bérénice, à vos soins redevable,
Croit posséder en vous un ami véritable.
Elle ne voit dans Rome et n'écoute que vous ;
Vous ne faites qu'un cœur et qu'une âme avec nous.
Au nom d'une amitié si constante et si belle,
700 Employez le pouvoir que vous avez sur elle.
Voyez-la de ma part.

ANTIOCHUS

Moi, paraître à ses yeux ?
La Reine pour jamais a reçu mes adieux.

TITUS

Prince, il faut que pour moi vous lui parliez encore.

ANTIOCHUS

Ah ! parlez-lui, Seigneur : la Reine vous adore.
705 Pourquoi vous dérober vous-même en ce moment
Le plaisir de lui faire un aveu si charmant ?
Elle l'attend, Seigneur, avec impatience.
Je réponds, en partant, de son obéissance ;
Et même elle m'a dit que prêt à l'épouser,
710 Vous ne la verrez plus que pour l'y disposer.

TITUS

Ah ! qu'un aveu si doux aurait lieu de me plaire !
Que je serais heureux, si j'avais à le faire !
Mes transports aujourd'hui s'attendaient d'éclater ;
Cependant aujourd'hui, Prince, il faut la quitter.

ANTIOCHUS

715   La quitter ! Vous, Seigneur ?

TITUS

Telle est ma destinée.

Pour elle et pour Titus il n'est plus d'hyménée.
D'un espoir si charmant je me flattais en vain :
Prince, il faut avec vous qu'elle parte demain.

ANTIOCHUS

Qu'entends-je ? Ô ciel !

TITUS

Plaignez ma grandeur importune.

720   Maître de l'univers, je règle sa fortune ;
Je puis faire les rois, je puis les déposer :
Cependant de mon cœur je ne puis disposer.
Rome, contre les rois de tout temps soulevée,
Dédaigne une beauté dans la pourpre élevée.
725   L'éclat du diadème et cent rois pour aïeux
Déshonorent ma flamme et blessent tous les yeux.
Mon cœur, libre d'ailleurs, sans craindre les murmures,
Peut brûler à son choix dans des flammes obscures ;
Et Rome avec plaisir recevrait de ma main
730   La moins digne beauté qu'elle cache en son sein.
Jules céda lui-même au torrent qui m'entraîne.
Si le peuple demain ne voit partir la Reine,
Demain elle entendra ce peuple furieux
Me venir demander son départ à ses yeux.
735   Sauvons de cet affront mon nom et sa mémoire ;
Et puisqu'il faut céder, cédons à notre gloire.
Ma bouche et mes regards, muets depuis huit jours,
L'auront pu préparer à ce triste discours.
Et même en ce moment, inquiète, empressée,

740 Elle veut qu'à ses yeux j'explique ma pensée.
D'un amant interdit soulagez le tourment:
Épargnez à mon cœur cet éclaircissement.
Allez, expliquez-lui mon trouble et mon silence.
Surtout qu'elle me laisse éviter sa présence.
745 Soyez le seul témoin de ses pleurs et des miens;
Portez-lui mes adieux, et recevez les siens.
Fuyons tous deux, fuyons un spectacle funeste,
Qui de notre constance accablerait le reste.
Si l'espoir de régner et de vivre en mon cœur
750 Peut de son infortune adoucir la rigueur,
Ah! Prince, jurez-lui que toujours trop fidèle,
Gémissant dans ma cour, et plus exilé qu'elle,
Portant jusqu'au tombeau le nom de son amant,
Mon règne ne sera qu'un long bannissement,
755 Si le ciel, non content de me l'avoir ravie,
Veut encor m'affliger par une longue vie.
Vous que l'amitié seule attache sur ses pas,
Prince, dans son malheur ne l'abandonnez pas.
Que l'Orient vous voie arriver à sa suite;
760 Que ce soit un triomphe, et non pas une fuite;
Qu'une amitié si belle ait d'éternels liens;
Que mon nom soit toujours dans tous vos entretiens.
Pour rendre vos États plus voisins l'un de l'autre,
L'Euphrate bornera son empire et le vôtre.
765 Je sais que le sénat, tout plein de votre nom,
D'une commune voix confirmera ce don.
Je joins la Cilicie à votre Comagène.
Adieu: ne quittez point ma princesse, ma reine,
Tout ce qui de mon cœur fut l'unique désir,
770 Tout ce que j'aimerai jusqu'au dernier soupir.

Scène II

Antiochus, Arsace

ARSACE

Ainsi le ciel s'apprête à vous rendre justice.
Vous partirez, Seigneur, mais avec Bérénice.
Loin de vous la ravir, on va vous la livrer.

ANTIOCHUS

Arsace, laisse-moi le temps de respirer.
775 Ce changement est grand, ma surprise est extrême.
Titus entre mes mains remet tout ce qu'il aime !
Dois-je croire, grands Dieux ! ce que je viens d'ouïr ?
Et quand je le croirais, dois-je m'en réjouir ?

ARSACE

Mais moi-même, Seigneur, que faut-il que je croie ?
780 Quel obstacle nouveau s'oppose à votre joie ?
Me trompiez-vous tantôt au sortir de ces lieux,
Lorsque encor tout ému de vos derniers adieux,
Tremblant d'avoir osé s'expliquer devant elle,
Votre cœur me contait son audace nouvelle ?
785 Vous fuyiez un hymen qui vous faisait trembler.
Cet hymen est rompu : quel soin peut vous troubler ?
Suivez les doux transports où l'amour vous invite.

ANTIOCHUS

Arsace, je me vois chargé de sa conduite ;
Je jouirai longtemps de ses chers entretiens,
790 Ses yeux même pourront s'accoutumer aux miens ;
Et peut-être son cœur fera la différence
Des froideurs de Titus à ma persévérance.
Titus m'accable ici du poids de sa grandeur :
Tout disparaît dans Rome auprès de sa splendeur ;
795 Mais quoique l'Orient soit plein de sa mémoire,
Bérénice y verra des traces de ma gloire.

ARSACE

N'en doutez point, Seigneur, tout succède à vos vœux.

ANTIOCHUS

Ah! que nous nous plaisons à nous tromper tous deux!

ARSACE

Et pourquoi nous tromper?

ANTIOCHUS

Quoi! je lui pourrais plaire?
800 Bérénice à mes vœux ne serait plus contraire?
Bérénice d'un mot flatterait mes douleurs?
Penses-tu seulement que parmi ses malheurs,
Quand l'univers entier négligerait ses larmes,
L'ingrate me permît de lui donner des larmes,
805 Ou qu'elle s'abaissât jusques à recevoir
Des soins qu'à mon amour elle croirait devoir?

ARSACE

Et qui peut mieux que vous consoler sa disgrâce?
Sa fortune, Seigneur, va prendre une autre face.
Titus la quitte.

ANTIOCHUS

Hélas! de ce grand changement
810 Il ne me reviendra que le nouveau tourment
D'apprendre par ses pleurs à quel point elle l'aime.
Je la verrai gémir; je la plaindrai moi-même.
Pour fruit de tant d'amour, j'aurai le triste emploi
De recueillir des pleurs qui ne sont pas pour moi.

ARSACE

815 Quoi! ne vous plairez-vous qu'à vous gêner sans cesse?
Jamais dans un grand cœur vit-on plus de faiblesse?
Ouvrez les yeux, Seigneur, et songeons entre nous
Par combien de raisons Bérénice est à vous.
Puisque aujourd'hui Titus ne prétend plus lui plaire,
820 Songez que votre hymen lui devient nécessaire.

ANTIOCHUS

Nécessaire!

ARSACE

À ses pleurs accordez quelques jours ;
De ses premiers sanglots laissez passer le cours :
Tout parlera pour vous, le dépit, la vengeance,
L'absence de Titus, le temps, votre présence,
325   Trois sceptres que son bras ne peut seul soutenir,
Vos deux États voisins, qui cherchent à s'unir.
L'intérêt, la raison, l'amitié, tout vous lie.

ANTIOCHUS

Oui, je respire, Arsace, et tu me rends la vie :
J'accepte avec plaisir un présage si doux.
330   Que tardons-nous ? Faisons ce qu'on attend de nous.
Entrons chez Bérénice ; et puisqu'on nous l'ordonne,
Allons lui déclarer que Titus l'abandonne.
Mais plutôt demeurons. Que faisais-je ? Est-ce à moi,
Arsace, à me charger de ce cruel emploi ?
335   Soit vertu, soit amour, mon cœur s'en effarouche.
L'aimable Bérénice entendrait de ma bouche
Qu'on l'abandonne ! Ah Reine ! Et qui l'aurait pensé,
Que ce mot dût jamais vous être prononcé ?

ARSACE

La haine sur Titus tombera toute entière :
340   Seigneur, si vous parlez, ce n'est qu'à sa prière.

ANTIOCHUS

Non, ne la voyons point. Respectons sa douleur :
Assez d'autres viendront lui conter son malheur.
Et ne la crois-tu pas assez infortunée
D'apprendre à quel mépris Titus l'a condamnée,
345   Sans lui donner encor le déplaisir fatal
D'apprendre ce mépris par son propre rival ?
Encore un coup, fuyons ; et par cette nouvelle
N'allons point nous charger d'une haine immortelle.

ARSACE

Ah ! la voici, Seigneur : prenez votre parti.

ANTIOCHUS

850   Ô ciel !

Scène III
Bérénice, Antiochus, Arsace, Phénice

BÉRÉNICE

Hé quoi, Seigneur, vous n'êtes point parti ?

ANTIOCHUS

Madame, je vois bien que vous êtes déçue,
Et que c'était César que cherchait votre vue.
Mais n'accusez que lui, si malgré mes adieux
De ma présence encor j'importune vos yeux.
855   Peut-être en ce moment je serais dans Ostie,
S'il ne m'eût de sa cour défendu la sortie.

BÉRÉNICE

Il vous cherche vous seul. Il nous évite tous.

ANTIOCHUS

Il ne m'a retenu que pour parler de vous.

BÉRÉNICE

De moi, Prince !

ANTIOCHUS

Oui, Madame.

BÉRÉNICE

Et qu'a-t-il pu vous dire ?

ANTIOCHUS

860   Mille autres mieux que moi pourront vous en instruire.

BÉRÉNICE

Quoi, Seigneur…

ANTIOCHUS

Suspendez votre ressentiment.
D'autres, loin de se taire en ce même moment,

Triompheraient peut-être, et pleins de confiance
Céderaient avec joie à votre impatience.
365   Mais moi, toujours tremblant, moi, vous le savez bien,
À qui votre repos est plus cher que le mien,
Pour ne le point troubler, j'aime mieux vous déplaire,
Et crains votre douleur plus que votre colère.
Avant la fin du jour vous me justifîrez.
370   Adieu, Madame.

BÉRÉNICE

Ô ciel ! quel discours ! Demeurez.
Prince, c'est trop cacher mon trouble à votre vue.
Vous voyez devant vous une reine éperdue,
Qui, la mort dans le sein, vous demande deux mots.
Vous craignez, dites-vous, de troubler mon repos ;
375   Et vos refus cruels, loin d'épargner ma peine,
Excitent ma douleur, ma colère, ma haine.
Seigneur, si mon repos vous est si précieux,
Si moi-même jamais je fus chère à vos yeux,
Éclaircissez le trouble où vous voyez mon âme.
380   Que vous a dit Titus ?

ANTIOCHUS
Au nom des Dieux, Madame…

BÉRÉNICE
Quoi ! vous craignez si peu de me désobéir ?

ANTIOCHUS
Je n'ai qu'à vous parler pour me faire haïr.

BÉRÉNICE
Je veux que vous parliez.

ANTIOCHUS
Dieux ! quelle violence !
Madame, encore un coup, vous loûrez mon silence.

BÉRÉNICE
385   Prince, dès ce moment contentez mes souhaits,
Ou soyez de ma haine assuré pour jamais.

ANTIOCHUS

Madame, après cela, je ne puis plus me taire.
Hé bien, vous le voulez, il faut vous satisfaire.
Mais ne vous flattez point : je vais vous annoncer
890   Peut-être des malheurs où vous n'osez penser.
Je connais votre cœur : vous devez vous attendre
Que je vais le frapper par l'endroit le plus tendre.
Titus m'a commandé…

BÉRÉNICE

Quoi ?

ANTIOCHUS

De vous déclarer
Qu'à jamais l'un de l'autre il faut vous séparer.

BÉRÉNICE

895   Nous séparer ? Qui ? Moi ? Titus de Bérénice !

ANTIOCHUS

Il faut que devant vous je lui rende justice.
Tout ce que dans un cœur sensible et généreux
L'amour au désespoir peut rassembler d'affreux,
Je l'ai vu dans le sien. Il pleure ; il vous adore.
900   Mais enfin que lui sert de vous aimer encore ?
Une reine est suspecte à l'empire romain.
Il faut vous séparer, et vous partez demain.

BÉRÉNICE

Nous séparer ! Hélas, Phénice !

PHÉNICE

Hé bien, Madame ?
Il faut ici montrer la grandeur de votre âme.
905   Ce coup sans doute est rude, il doit vous étonner.

BÉRÉNICE

Après tant de serments, Titus m'abandonner !
Titus qui me jurait… Non, je ne le puis croire :
Il ne me quitte point, il y va de sa gloire.
Contre son innocence on veut me prévenir.

910 Ce piège n'est tendu que pour nous désunir.
Titus m'aime. Titus ne veut point que je meure.
Allons le voir. Je veux lui parler tout à l'heure.
Allons.

ANTIOCHUS
Quoi ? vous pourriez ici me regarder...

BÉRÉNICE
Vous le souhaitez trop pour me persuader.
915 Non, je ne vous crois point. Mais quoiqu'il en puisse être,
Pour jamais à mes yeux gardez-vous de paraître.

(À Phénice.)

Ne m'abandonne pas dans l'état où je suis.
Hélas ! pour me tromper je fais ce que je puis.

Scène IV
Antiochus, Arsace

ANTIOCHUS
Ne me trompé-je point ? L'ai-je bien entendue ?
920 Que je me garde, moi, de paraître à sa vue ?
Je m'en garderai bien. Et ne partais-je pas,
Si Titus malgré moi n'eût arrêté mes pas ?
Sans doute, il faut partir. Continuons, Arsace.
Elle croit m'affliger : sa haine me fait grâce.
925 Tu me voyais tantôt inquiet, égaré :
Je partais amoureux, jaloux, désespéré ;
Et maintenant, Arsace, après cette défense,
Je partirai peut-être avec indifférence.

ARSACE
Moins que jamais, Seigneur, il faut vous éloigner.

ANTIOCHUS
930 Moi, je demeurerai pour me voir dédaigner ?
Des froideurs de Titus je serai responsable ?
Je me verrai puni parce qu'il est coupable ?
Avec quelle injustice et quelle indignité

Elle doute à mes yeux de ma sincérité !
935 Titus l'aime, dit-elle, et moi je l'ai trahie.
L'ingrate ! M'accuser de cette perfidie !
Et dans quel temps encor ? Dans le moment fatal
Que j'étale à ses yeux les pleurs de mon rival,
Que pour la consoler je le faisais paraître
940 Amoureux et constant, plus qu'il ne l'est peut-être.

ARSACE

Et de quel soin, Seigneur, vous allez-vous troubler ?
Laissez à ce torrent le temps de s'écouler.
Dans huit jours, dans un mois, n'importe, il faut qu'il passe.
Demeurez seulement.

ANTIOCHUS

Non, je la quitte, Arsace.
945 Je sens qu'à sa douleur je pourrais compatir :
Ma gloire, mon repos, tout m'excite à partir.
Allons ; et de si loin évitons la cruelle,
Que de longtemps, Arsace, on ne nous parle d'elle.
Toutefois il nous reste encore assez de jour :
950 Je vais dans mon palais attendre ton retour.
Va voir si la douleur ne l'a point trop saisie.
Cours ; et partons du moins assurés de sa vie.

ACTE IV

SCÈNE PREMIÈRE

BÉRÉNICE, *seule.*

Phénice ne vient point? Moments trop rigoureux,
Que vous paraissez lents à mes rapides vœux!
955 Je m'agite, je cours, languissante, abattue;
La force m'abandonne, et le repos me tue.
Phénice ne vient point? Ah! que cette longueur
D'un présage funeste épouvante mon cœur!
Phénice n'aura point de réponse à me rendre.
960 Titus, l'ingrat Titus n'a point voulu l'entendre:
Il fuit, il se dérobe à ma juste fureur.

Scène II
Bérénice, Phénice

BÉRÉNICE

Chère Phénice, hé bien! as-tu vu l'empereur?
Qu'a-t-il dit? Viendra-t-il?

PHÉNICE

Oui, je l'ai vu, Madame,
Et j'ai peint à ses yeux le trouble de votre âme.
965 J'ai vu couler des pleurs qu'il voulait retenir.

BÉRÉNICE

Vient-il?

PHÉNICE

N'en doutez point, Madame, il va venir.
Mais voulez-vous paraître en ce désordre extrême?
Remettez-vous, Madame, et rentrez en vous-même.
Laissez-moi relever ces voiles détachés,
970   Et ces cheveux épars dont vos yeux sont cachés.
Souffrez que de vos pleurs je répare l'outrage.

BÉRÉNICE

Laisse, laisse, Phénice, il verra son ouvrage.
Et que m'importe, hélas! de ces vains ornements?
Si ma foi, si mes pleurs, si mes gémissements,
975   Mais que dis-je, mes pleurs? si ma perte certaine,
Si ma mort toute prête enfin ne le ramène,
Dis-moi, que produiront tes secours superflus,
Et tout ce faible éclat qui ne le touche plus?

PHÉNICE

Pourquoi lui faites-vous cet injuste reproche?
980   J'entends du bruit, Madame, et l'Empereur s'approche.
Venez, fuyez la foule, et rentrons promptement.
Vous l'entretiendrez seul dans votre appartement.

Scène III
Titus, Paulin, suite

TITUS

De la Reine, Paulin, flattez l'inquiétude.
Je vais la voir. Je veux un peu de solitude.
985   Que l'on me laisse.

PAULIN

Ô ciel! que je crains ce combat!
Grands Dieux, sauvez sa gloire et l'honneur de l'État.
Voyons la Reine.

Scène IV

TITUS, *seul.*

Hé bien ! Titus, que viens-tu faire ?
Bérénice t'attend. Où viens-tu, téméraire ?
Tes adieux sont-ils prêts ? T'es-tu bien consulté ?
990   Ton cœur te promet-il assez de cruauté ?
Car enfin au combat qui pour toi se prépare
C'est peu d'être constant, il faut être barbare.
Soutiendrai-je ces yeux dont la douce langueur
Sait si bien découvrir les chemins de mon cœur ?
995   Quand je verrai ces yeux armés de tous leurs charmes,
Attachés sur les miens, m'accabler de leurs larmes,
Me souviendrai-je alors de mon triste devoir ?
Pourrais-je dire enfin : *Je ne veux plus vous voir ?*
Je viens percer un cœur que j'adore, qui m'aime.
1000   Et pourquoi le percer ? Qui l'ordonne ? Moi-même.
Car enfin Rome a-t-elle expliqué ses souhaits ?
L'entendons-nous crier autour de ce palais ?
Vois-je l'État penchant au bord du précipice ?
Ne le puis-je sauver que par ce sacrifice ?
1005   Tout se tait ; et moi seul, trop prompt à me troubler,
J'avance des malheurs que je puis reculer.
Et qui sait si, sensible aux vertus de la Reine,
Rome ne voudra point l'avouer pour Romaine ?
Rome peut par son choix justifier le mien.
1010   Non, non, encore un coup, ne précipitons rien.
Que Rome avec ses lois mette dans la balance
Tant de pleurs, tant d'amour, tant de persévérance :
Rome sera pour nous. Titus, ouvre les yeux !
Quel air respires-tu ? N'es-tu pas dans ces lieux
1015   Où la haine des rois, avec le lait sucée,
Par crainte ou par amour ne peut être effacée ?
Rome jugea ta Reine en condamnant ses rois.
N'as-tu pas en naissant entendu cette voix ?
Et n'as-tu pas encore ouï la Renommée
1020   T'annoncer ton devoir jusque dans ton armée ?
Et lorsque Bérénice arriva sur tes pas,

Ce que Rome en jugeait, ne l'entendis-tu pas ?
Faut-il donc tant de fois te le faire redire ?
Ah lâche ! fais l'amour, et renonce à l'Empire.
1025 Au bout de l'univers va, cours te confiner,
Et fais place à des cœurs plus dignes de régner.
Sont-ce là ces projets de grandeur et de gloire
Qui devaient dans les cœurs consacrer ma mémoire ?
Depuis huit jours je règne ; et jusques à ce jour,
1030 Qu'ai-je fait pour l'honneur ? J'ai tout fait pour l'amour.
D'un temps si précieux quel compte puis-je rendre ?
Où sont ces heureux jours que je faisais attendre ?
Quels pleurs ai-je séchés ? Dans quels yeux satisfaits
Ai-je déjà goûté le fruit de mes bienfaits ?
1035 L'univers a-t-il vu changer ses destinées ?
Sais-je combien le ciel m'a compté de journées ?
Et de ce peu de jours si longtemps attendus,
Ah ! malheureux, combien j'en ai déjà perdus !
Ne tardons plus : faisons ce que l'honneur exige ;
1040 Rompons le seul lien...

Scène v
Bérénice, Titus

BÉRÉNICE, en sortant.

Non, laissez-moi, vous dis-je.
En vain tous vos conseils me retiennent ici :
Il faut que je le voie. Ah, Seigneur ! vous voici.
Hé bien, il est donc vrai que Titus m'abandonne ?
Il faut nous séparer ; et c'est lui qui l'ordonne.

TITUS

1045 N'accablez point, Madame, un Prince malheureux :
Il ne faut point ici nous attendrir tous deux.
Un trouble assez cruel m'agite et me dévore,
Sans que des pleurs si chers me déchirent encore.
Rappelez bien plutôt ce cœur, qui tant de fois
1050 M'a fait de mon devoir reconnaître la voix.

Il en est temps. Forcez votre amour à se taire ;
Et d'un œil que la gloire et la raison éclaire,
Contemplez mon devoir dans toute sa rigueur.
Vous-même contre vous fortifiez mon cœur :
1055   Aidez-moi, s'il se peut, à vaincre sa faiblesse,
À retenir des pleurs qui m'échappent sans cesse ;
Ou si nous ne pouvons commander à nos pleurs,
Que la gloire du moins soutienne nos douleurs,
Et que tout l'univers reconnaisse sans peine
1060   Les pleurs d'un Empereur et les pleurs d'une Reine.
Car enfin, ma Princesse, il faut nous séparer.

BÉRÉNICE

Ah ! cruel ! Est-il temps de me le déclarer ?
Qu'avez-vous fait ? Hélas ! je me suis crue aimée.
Au plaisir de vous voir mon âme accoutumée
1065   Ne vit plus que pour vous. Ignoriez-vous vos lois,
Quand je vous l'avouai pour la première fois ?
À quel excès d'amour m'avez-vous amenée !
Que ne me disiez-vous : « Princesse infortunée,
Où vas-tu t'engager, et quel est ton espoir ?
1070   Ne donne point un cœur qu'on ne peut recevoir. »
Ne l'avez-vous reçu, cruel, que pour le rendre,
Quand de vos seules mains ce cœur voudrait dépendre ?
Tout l'Empire a vingt fois conspiré contre nous.
Il était temps encor : que ne me quittiez-vous ?
1075   Mille raisons alors consolaient ma misère :
Je pouvais de ma mort accuser votre père,
Le peuple, le sénat, tout l'empire romain,
Tout l'univers, plutôt qu'une si chère main.
Leur haine, dès longtemps contre moi déclarée,
1080   M'avait à mon malheur dès longtemps préparée,
Je n'aurais pas, Seigneur, reçu ce coup cruel
Dans le temps que j'espère un bonheur immortel,
Quand votre heureux amour peut tout ce qu'il désire,
Lorsque Rome se tait, quand votre père expire,
1085   Lorsque tout l'univers fléchit à vos genoux.
Enfin quand je n'ai plus à redouter que vous.

Et c'est moi seul aussi qui pouvais me détruire.
Je pouvais vivre alors et me laisser séduire.
Mon cœur se gardait bien d'aller dans l'avenir
1090 Chercher ce qui pouvait un jour nous désunir.
Je voulais qu'à mes vœux rien ne fût invincible,
Je n'examinais rien, j'espérais l'impossible.
Que sais-je ? j'espérais de mourir à vos yeux,
Avant que d'en venir à ces cruels adieux.
1095 Les obstacles semblaient renouveler ma flamme.
Tout l'Empire parlait ; mais la gloire, Madame,
Ne s'était point encor fait entendre à mon cœur
Du ton dont elle parle au cœur d'un Empereur.
Je sais tous les tourments où ce dessein me livre ;
1100 Je sens bien que sans vous je ne saurais plus vivre,
Que mon cœur de moi-même est prêt à s'éloigner ;
Mais il ne s'agit plus de vivre, il faut régner.

BÉRÉNICE

Hé bien ! régnez, cruel ; contentez votre gloire :
Je ne dispute plus. J'attendais, pour vous croire,
1105 Que cette même bouche, après mille serments
D'un amour qui devait unir tous nos moments,
Cette bouche, à mes yeux s'avouant infidèle,
M'ordonnât elle-même une absence éternelle.
Moi-même j'ai voulu vous entendre en ce lieu.
1110 Je n'écoute plus rien ; et pour jamais, adieu.
Pour jamais ! Ah ! Seigneur, songez-vous en vous-même
Combien ce mot cruel est affreux quand on aime ?
Dans un mois, dans un an, comment souffrirons-nous,
Seigneur, que tant de mers me séparent de vous ?
1115 Que le jour recommence et que le jour finisse,
Sans que jamais Titus puisse voir Bérénice,
Sans que de tout le jour je puisse voir Titus !
Mais quelle est mon erreur, et que de soins perdus !
L'ingrat, de mon départ consolé par avance,
1120 Daignera-t-il compter les jours de mon absence ?
Ces jours si longs pour moi lui sembleront trop courts.

TITUS

Je n'aurai pas, Madame, à compter tant de jours.
J'espère que bientôt la triste Renommée
Vous fera confesser que vous étiez aimée.
125   Vous verrez que Titus n'a pu sans expirer...

BÉRÉNICE

Ah ! Seigneur, s'il est vrai, pourquoi nous séparer ?
Je ne vous parle point d'un heureux hyménée :
Rome à ne vous plus voir m'a-t-elle condamnée ?
Pourquoi m'enviez-vous l'air que vous respirez ?

TITUS

130   Hélas ! vous pouvez tout, Madame. Demeurez :
Je n'y résiste point. Mais je sens ma faiblesse :
Il faudra vous combattre et vous craindre sans cesse,
Et sans cesse veiller à retenir mes pas
Que vers vous à toute heure entraînent vos appas.
135   Que dis-je ? En ce moment mon cœur, hors de lui-même,
S'oublie, et se souvient seulement qu'il vous aime.

BÉRÉNICE

Hé bien, Seigneur, hé bien ! qu'en peut-il arriver ?
Voyez-vous les Romains prêts à se soulever ?

TITUS

Et qui sait de quel œil ils prendront cette injure ?
140   S'ils parlent, si les cris succèdent au murmure,
Faudra-t-il par le sang justifier mon choix ?
S'ils se taisent, Madame, et me vendent leurs lois,
À quoi m'exposez-vous ? Par quelle complaisance
Faudra-t-il quelque jour payer leur patience ?
145   Que n'oseront-ils point alors me demander ?
Maintiendrai-je des lois que je ne puis garder ?

BÉRÉNICE

Vous ne comptez pour rien les pleurs de Bérénice.

TITUS

Je les compte pour rien ? Ah ciel ! quelle injustice !

BÉRÉNICE

Quoi ? pour d'injustes lois que vous pouvez changer,
1150 En d'éternels chagrins vous-même vous plonger ?
Rome a ses droits, Seigneur. N'avez-vous pas les vôtres ?
Ses intérêts sont-ils plus sacrés que les nôtres ?
Dites, parlez.

TITUS

Hélas ! Que vous me déchirez !

BÉRÉNICE

Vous êtes empereur, Seigneur, et vous pleurez !

TITUS

1155 Oui, Madame, il est vrai, je pleure, je soupire,
Je frémis. Mais enfin, quand j'acceptai l'Empire,
Rome me fit jurer de maintenir ses droits :
Il les faut maintenir. Déjà plus d'une fois
Rome a de mes pareils exercé la constance.
1160 Ah ! si vous remontiez jusques à sa naissance,
Vous les verriez toujours à ses ordres soumis.
L'un, jaloux de sa foi, va chez les ennemis
Chercher, avec la mort, la peine toute prête ;
D'un fils victorieux l'autre proscrit la tête ;
1165 L'autre, avec des yeux secs et presque indifférents,
Voit mourir ses deux fils par son ordre expirants.
Malheureux ! mais toujours la patrie et la gloire
Ont parmi les Romains remporté la victoire.
Je sais qu'en vous quittant le malheureux Titus
1170 Passe l'austérité de toutes leurs vertus ;
Qu'elle n'approche point de cet effort insigne.
Mais, Madame, après tout, me croyez-vous indigne
De laisser un exemple à la postérité,
Qui sans de grands efforts ne puisse être imité ?

BÉRÉNICE

1175 Non, je crois tout facile à votre barbarie.
Je vous crois digne, ingrat, de m'arracher la vie.
De tous vos sentiments mon cœur est éclairci.
Je ne vous parle plus de me laisser ici.

Qui? moi? j'aurais voulu, honteuse et méprisée,
180 D'un peuple qui me hait soutenir la risée?
J'ai voulu vous pousser jusques à ce refus.
C'en est fait, et bientôt vous ne me craindrez plus.
N'attendez pas ici que j'éclate en injures,
Que j'atteste le ciel, ennemi des parjures.
185 Non, si le ciel encore est touché de mes pleurs,
Je le prie en mourant d'oublier mes douleurs.
Si je forme des vœux contre votre injustice,
Si devant que mourir la triste Bérénice
Vous veut de son trépas laisser quelque vengeur,
190 Je ne le cherche, ingrat, qu'au fond de votre cœur.
Je sais que tant d'amour n'en peut être effacée;
Que ma douleur présente, et ma bonté passée,
Mon sang, qu'en ce palais je veux même verser,
Sont autant d'ennemis que je vais vous laisser;
195 Et sans me repentir de ma persévérance,
Je me remets sur eux de toute ma vengeance.
Adieu.

Scène VI
Titus, Paulin

PAULIN

Dans quel dessein vient-elle de sortir,
Seigneur? Est-elle enfin disposée à partir?

TITUS

Paulin, je suis perdu, je n'y pourrai survivre.
200 La Reine veut mourir. Allons, il faut la suivre.
Courons à son secours.

PAULIN

Hé quoi? n'avez-vous pas
Ordonné dès tantôt qu'on observe ses pas?
Ses femmes, à toute heure autour d'elle empressées,
Sauront la détourner de ces tristes pensées.
205 Non, non, ne craignez rien. Voilà les plus grands coups,

Seigneur : continuez, la victoire est à vous.
Je sais que sans pitié vous n'avez pu l'entendre ;
Moi-même en la voyant je n'ai pu m'en défendre.
Mais regardez plus loin : songez, en ce malheur,
1210   Quelle gloire va suivre un moment de douleur,
Quels applaudissements l'univers vous prépare,
Quel rang dans l'avenir.

TITUS

               Non, je suis un barbare.
Moi-même je me hais. Néron, tant détesté,
N'a point à cet excès poussé sa cruauté.
1215   Je ne souffrirai point que Bérénice expire.
Allons, Rome en dira ce qu'elle en voudra dire.

PAULIN

Quoi ! Seigneur ?

TITUS

           Je ne sais, Paulin, ce que je dis.
L'excès de la douleur accable mes esprits.

PAULIN

Ne troublez point le cours de votre renommée :
1220   Déjà de vos adieux la nouvelle est semée.
Rome, qui gémissait, triomphe avec raison ;
Tous les temples ouverts fument en votre nom ;
Et le peuple, élevant vos vertus jusqu'aux nues,
Va partout de lauriers couronner vos statues.

TITUS

1225   Ah, Rome ! Ah, Bérénice ! Ah, prince malheureux !
Pourquoi suis-je empereur ? Pourquoi suis-je amoureux ?

Scène VII
Titus, Antiochus, Paulin, Arsace

ANTIOCHUS

Qu'avez-vous fait, Seigneur ? L'aimable Bérénice

Va peut-être expirer dans les bras de Phénice.
Elle n'entend ni pleurs, ni conseil, ni raison ;
230 Elle implore à grands cris le fer et le poison.
Vous seul vous lui pouvez arracher cette envie.
On vous nomme, et ce nom la rappelle à la vie.
Ses yeux, toujours tournés vers votre appartement,
Semblent vous demander de moment en moment.
235 Je n'y puis résister, ce spectacle me tue.
Que tardez-vous ? allez vous montrer à sa vue.
Sauvez tant de vertus, de grâces, de beauté,
Ou renoncez, Seigneur, à toute humanité.
Dites un mot.

TITUS

Hélas ! quel mot puis-je lui dire ?
240 Moi-même en ce moment sais-je si je respire ?

Scène VIII
Titus, Antiochus, Paulin, Arsace, Rutile

RUTILE

Seigneur, tous les tribuns, les consuls, le sénat
Viennent vous demander au nom de tout l'État.
Un grand peuple les suit, qui, plein d'impatience,
Dans votre appartement attend votre présence.

TITUS

245 Je vous entends, grands Dieux. Vous voulez rassurer
Ce cœur que vous voyez tout prêt à s'égarer.

PAULIN

Venez, Seigneur, passons dans la chambre prochaine :
Allons voir le sénat.

ANTIOCHUS
Ah ! courez chez la Reine.

Quoi ? vous pourriez, Seigneur, par cette indignité,
1250 De l'Empire à vos pieds fouler la majesté ?
Rome…

TITUS

Il suffit, Paulin, nous allons les entendre.
Prince, de ce devoir je ne puis me défendre.
Voyez la Reine. Allez. J'espère, à mon retour,
Qu'elle ne pourra plus douter de mon amour.

ACTE V

SCÈNE PREMIÈRE
ARSACE, *seul.*

255 Où pourrai-je trouver ce prince trop fidèle ?
Ciel, conduisez mes pas, et secondez mon zèle.
Faites qu'en ce moment je lui puisse annoncer
Un bonheur où peut-être il n'ose plus penser.

Scène II
Antiochus, Arsace

ARSACE
Ah ! quel heureux destin en ces lieux vous renvoie,
260 Seigneur ?

ANTIOCHUS
Si mon retour t'apporte quelque joie,
Arsace, rends-en grâce à mon seul désespoir.

ARSACE
La Reine part, Seigneur.

ANTIOCHUS
Elle part ?

ARSACE
Dès ce soir.
Ses ordres sont donnés. Elle s'est offensée

Que Titus à ses pleurs l'ait si longtemps laissée.
1265 Un généreux dépit succède à sa fureur :
Bérénice renonce à Rome, à l'Empereur,
Et même veut partir avant que Rome instruite
Puisse voir son désordre et jouir de sa fuite.
Elle écrit à César.

ANTIOCHUS
Ô ciel ! qui l'aurait cru ?
1270 Et Titus ?

ARSACE
À ses yeux Titus n'a point paru.
Le peuple avec transport l'arrête et l'environne,
Applaudissant aux noms que le sénat lui donne ;
Et ces noms, ces respects, ces applaudissements,
Deviennent pour Titus autant d'engagements,
1275 Qui le liant, Seigneur, d'une honorable chaîne,
Malgré tous ses soupirs et les pleurs de la Reine,
Fixent dans son devoir ses vœux irrésolus.
C'en est fait ; et peut-être il ne la verra plus.

ANTIOCHUS
Que de sujets d'espoir, Arsace, je l'avoue !
1280 Mais d'un soin si cruel la fortune me joue,
J'ai vu tous mes projets tant de fois démentis,
Que j'écoute en tremblant tout ce que tu me dis ;
Et mon cœur, prévenu d'une crainte importune,
Croit même, en espérant, irriter la fortune.
1285 Mais que vois-je ? Titus porte vers nous ses pas.
Que veut-il ?

Scène III
Titus, Antiochus, Arsace

TITUS, *en entrant.*
Demeurez ; qu'on ne me suive pas.
Enfin, Prince, je viens dégager ma promesse.

Bérénice m'occupe et m'afflige sans cesse.
Je viens, le cœur percé de vos pleurs et des siens,
290   Calmer des déplaisirs moins cruels que les miens.
Venez, Prince, venez. Je veux bien que vous-même
Pour la dernière fois vous voyez si je l'aime.

Scène IV
Antiochus, Arsace

ANTIOCHUS
Hé bien! voilà l'espoir que tu m'avais rendu,
Et tu vois le triomphe où j'étais attendu.
295   Bérénice partait justement irritée!
Pour ne la plus revoir, Titus l'avait quittée!
Qu'ai-je donc fait, grands Dieux? Quel cours infortuné
À ma funeste vie aviez-vous destiné?
Tous mes moments ne sont qu'un éternel passage
300   De la crainte à l'espoir, de l'espoir à la rage.
Et je respire encor? Bérénice! Titus!
Dieux cruels! de mes pleurs vous ne vous rirez plus.

Scène V
Titus, Bérénice, Phénice

BÉRÉNICE
Non, je n'écoute rien. Me voilà résolue:
Je veux partir. Pourquoi vous montrer à ma vue?
305   Pourquoi venir encore aigrir mon désespoir?
N'êtes-vous pas content? Je ne veux plus vous voir.

TITUS
Mais, de grâce, écoutez.

BÉRÉNICE
Il n'est plus temps.

TITUS

                                        Madame,
Un mot.

BÉRÉNICE

        Non.

TITUS

            Dans quel trouble elle jette mon âme !
Ma Princesse, d'où vient ce changement soudain ?

BÉRÉNICE

1310   C'en est fait. Vous voulez que je parte demain ;
Et moi, j'ai résolu de partir tout à l'heure ;
Et je pars.

TITUS

        Demeurez.

BÉRÉNICE

                Ingrat, que je demeure !
Et pourquoi ? Pour entendre un peuple injurieux
Qui fait de mon malheur retentir tous ces lieux ?
1315   Ne l'entendez-vous pas, cette cruelle joie,
Tandis que dans les pleurs moi seule je me noie ?
Quel crime, quelle offense a pu les animer ?
Hélas ! et qu'ai-je fait que de vous trop aimer ?

TITUS

Écoutez-vous, Madame, une foule insensée ?

BÉRÉNICE

1320   Je ne vois rien ici dont je ne sois blessée.
Tout cet appartement préparé par vos soins,
Ces lieux, de mon amour si longtemps les témoins,
Qui semblaient pour jamais me répondre du vôtre,
Ces festons, où nos noms enlacés l'un dans l'autre
1325   À mes tristes regards viennent partout s'offrir,
Sont autant d'imposteurs que je ne puis souffrir.
Allons, Phénice.

TITUS

            Ô ciel ! Que vous êtes injuste !

Retournez, retournez vers ce sénat auguste
Qui vient vous applaudir de votre cruauté.
330 Hé bien, avec plaisir l'avez-vous écouté ?
Êtes-vous pleinement content de votre gloire ?
Avez-vous bien promis d'oublier ma mémoire ?
Mais ce n'est pas assez expier vos amours :
Avez-vous bien promis de me haïr toujours ?

TITUS

335 Non, je n'ai rien promis. Moi, que je vous haïsse !
Que je puisse jamais oublier Bérénice !
Ah Dieux ! dans quel moment son injuste rigueur
De ce cruel soupçon vient affliger mon cœur !
Connaissez-moi, Madame, et depuis cinq années
340 Comptez tous les moments et toutes les journées
Où par plus de transports et par plus de soupirs
Je vous ai de mon cœur exprimé les désirs :
Ce jour surpasse tout. Jamais, je le confesse,
Vous ne fûtes aimée avec tant de tendresse ;
345 Et jamais...

BÉRÉNICE

Vous m'aimez, vous me le soutenez ;
Et cependant je pars, et vous me l'ordonnez !
Quoi ? dans mon désespoir trouvez-vous tant de charmes ?
Craignez-vous que mes yeux versent trop peu de larmes ?
Que me sert de ce cœur l'inutile retour ?
350 Ah, cruel ! par pitié, montrez-moi moins d'amour.
Ne me rappelez point une trop chère idée,
Et laissez-moi du moins partir persuadée
Que déjà de votre âme exilée en secret,
J'abandonne un ingrat qui me perd sans regret.

(Il lit une lettre.)

355 Vous m'avez arraché ce que je viens d'écrire.
Voilà de votre amour tout ce que je désire.
Lisez, ingrat, lisez, et me laissez sortir.

TITUS

Vous ne sortirez point : je n'y puis consentir.
Quoi ? ce départ n'est donc qu'un cruel stratagème ?
1360 Vous cherchez à mourir ? et de tout ce que j'aime
Il ne restera plus qu'un triste souvenir ?
Qu'on cherche Antiochus : qu'on le fasse venir.

(Bérénice se laisse tomber sur un siège.)

Scène VI
Titus, Bérénice

TITUS

Madame, il faut vous faire un aveu véritable.
Lorsque j'envisageai le moment redoutable
1365 Où, pressé par les lois d'un austère devoir,
Il fallait pour jamais renoncer à vous voir ;
Quand de ce triste adieu je prévis les approches,
Mes craintes, mes combats, vos larmes, vos reproches,
Je préparai mon âme à toutes les douleurs
1370 Que peut faire sentir le plus grand des malheurs.
Mais quoi que je craignisse, il faut que je le die,
Je n'en avais prévu que la moindre partie.
Je croyais ma vertu moins prête à succomber
Et j'ai honte du trouble où je la vois tomber.
1375 J'ai vu devant mes yeux Rome entière assemblée ;
Le sénat m'a parlé ; mais mon âme accablée
Écoutait sans entendre, et ne leur a laissé
Pour prix de leurs transports qu'un silence glacé.
Rome de votre sort est encore incertaine.
1380 Moi-même à tous moments je me souviens à peine
Si je suis empereur ou si je suis Romain.
Je suis venu vers vous sans savoir mon dessein :
Mon amour m'entraînait ; et je venais peut-être
Pour me chercher moi-même, et pour me reconnaître.
1385 Qu'ai-je trouvé ? Je vois la mort peinte en vos yeux ;
Je vois, pour la chercher, que vous quittez ces lieux.

C'en est trop. Ma douleur, à cette triste vue,
À son dernier excès est enfin parvenue.
Je ressens tous les maux que je puis ressentir ;
390 Mais je vois le chemin par où j'en puis sortir.
Ne vous attendez point que las de tant d'alarmes,
Par un heureux hymen je tarisse vos larmes.
En quelque extrémité que vous m'ayez réduit,
Ma gloire inexorable à toute heure me suit :
395 Sans cesse elle présente à mon âme étonnée
L'Empire incompatible avec votre hyménée,
Me dit qu'après l'éclat et les pas que j'ai faits,
Je dois vous épouser encor moins que jamais.
Oui, Madame ; et je dois moins encore vous dire
400 Que je suis prêt pour vous d'abandonner l'Empire,
De vous suivre, et d'aller trop content de mes fers,
Soupirer avec vous au bout de l'univers.
Vous-même rougiriez de ma lâche conduite :
Vous verriez à regret marcher à votre suite
405 Un indigne empereur, sans empire, sans cour,
Vil spectacle aux humains des faiblesses d'amour.
Pour sortir des tourments dont mon âme est la proie,
Il est, vous le savez, une plus noble voie.
Je me suis vu, Madame, enseigner ce chemin
410 Et par plus d'un héros et par plus d'un Romain :
Lorsque trop de malheurs ont lassé leur constance,
Ils ont tous expliqué cette persévérance
Dont le sort s'attachait à les persécuter,
Comme un ordre secret de n'y plus résister.
415 Si vos pleurs plus longtemps viennent frapper ma vue,
Si toujours à mourir je vous vois résolue,
S'il faut qu'à tous moments je tremble pour vos jours,
Si vous ne me jurez d'en respecter le cours,
Madame, à d'autres pleurs vous devez vous attendre.
420 En l'état où je suis, je puis tout entreprendre,
Et je ne réponds pas que ma main à vos yeux
N'ensanglante à la fin nos funestes adieux.

BÉRÉNICE

Hélas !

TITUS

Non, il n'est rien dont je ne sois capable.
Vous voilà de mes jours maintenant responsable.
1425 Songez-y bien, Madame. Et si je vous suis cher...

Scène VII
Titus, Bérénice, Antiochus

TITUS

Venez, Prince, venez, je vous ai fait chercher.
Soyez ici témoin de toute ma faiblesse ;
Voyez si c'est aimer avec peu de tendresse :
Jugez-nous.

ANTIOCHUS

Je crois tout : je vous connais tous deux.
1430 Mais connaissez vous-même un prince malheureux.
Vous m'avez honoré, Seigneur, de votre estime ;
Et moi, je puis ici vous le jurer sans crime,
À vos plus chers amis j'ai disputé ce rang :
Je l'ai disputé même aux dépens de mon sang.
1435 Vous m'avez, malgré moi, confié l'un et l'autre,
La Reine son amour, et vous, Seigneur, le vôtre.
La Reine, qui m'entend, peut me désavouer :
Elle m'a vu toujours ardent à vous louer,
Répondre par mes soins à votre confidence.
1440 Vous croyez m'en devoir quelque reconnaissance ;
Mais le pourriez-vous croire en ce moment fatal,
Qu'un ami si fidèle était votre rival ?

TITUS

Mon rival !

ANTIOCHUS

Il est temps que je vous éclaircisse.
Oui, Seigneur, j'ai toujours adoré Bérénice.

445 Pour ne la plus aimer, j'ai cent fois combattu :
Je n'ai pu l'oublier ; au moins je me suis tu.
De votre changement la flatteuse apparence
M'avait rendu tantôt quelque faible espérance :
Les larmes de la Reine ont éteint cet espoir.
450 Ses yeux, baignés de pleurs, demandaient à vous voir.
Je suis venu, Seigneur, vous appeler moi-même ;
Vous êtes revenu. Vous aimez, on vous aime ;
Vous vous êtes rendu : je n'en ai point douté.
Pour la dernière fois je me suis consulté ;
455 J'ai fait de mon courage une épreuve dernière ;
Je viens de rappeler ma raison toute entière :
Jamais je ne me suis senti plus amoureux.
Il faut d'autres efforts pour rompre tant de nœuds :
Ce n'est qu'en expirant que je puis les détruire ;
460 J'y cours. Voilà de quoi j'ai voulu vous instruire.
Oui, Madame, vers vous j'ai rappelé ses pas.
Mes soins ont réussi, je ne m'en repens pas.
Puisse le ciel verser sur toutes vos années
Mille prospérités l'une à l'autre enchaînées !
465 Ou s'il vous garde encore un reste de courroux,
Je conjure les Dieux d'épuiser tous les coups
Qui pourraient menacer une si belle vie,
Sur ces jours malheureux que je vous sacrifie.

BÉRÉNICE, *se levant.*
Arrêtez, arrêtez. Princes trop généreux,
470 En quelle extrémité me jetez-vous tous deux !
Soit que je vous regarde, ou que je l'envisage,
Partout du désespoir je rencontre l'image.
Je ne vois que des pleurs, et je n'entends parler
Que de trouble, d'horreurs, de sang prêt à couler.

(À Titus.)

475 Mon cœur vous est connu, Seigneur, et je puis dire
Qu'on ne l'a jamais vu soupirer pour l'Empire.
La grandeur des Romains, la pourpre des Césars
N'a point, vous le savez, attiré mes regards.
J'aimais, Seigneur, j'aimais : je voulais être aimée.

1480 Ce jour, je l'avoûrai, je me suis alarmée :
J'ai cru que votre amour allait finir son cours.
Je connais mon erreur, et vous m'aimez toujours.
Votre cœur s'est troublé, j'ai vu couler vos larmes ;
Bérénice, Seigneur, ne vaut point tant d'alarmes,
1485 Ni que par votre amour l'univers malheureux,
Dans le temps que Titus attire tous ses vœux
Et que de vos vertus il goûte les prémices,
Se voie en un moment enlever ses délices.
Je crois, depuis cinq ans jusqu'à ce dernier jour,
1490 Vous avoir assuré d'un véritable amour.
Ce n'est pas tout : je veux, en ce moment funeste,
Par un dernier effort couronner tout le reste.
Je vivrai, je suivrai vos ordres absolus.
Adieu, Seigneur, régnez : je ne vous verrai plus.

(*À Antiochus.*)

1495 Prince, après cet adieu, vous jugez bien vous-même
Que je ne consens pas de quitter ce que j'aime,
Pour aller loin de Rome écouter d'autres vœux.
Vivez, et faites-vous un effort généreux.
Sur Titus et sur moi réglez votre conduite.
1500 Je l'aime, je le fuis ; Titus m'aime, il me quitte.
Portez loin de mes yeux vos soupirs et vos fers.
Adieu : servons tous trois d'exemple à l'univers
De l'amour la plus tendre et la plus malheureuse
Dont il puisse garder l'histoire douloureuse.
1505 Tout est prêt. On m'attend. Ne suivez point mes pas.

(*À Titus.*)

Pour la dernière fois, adieu, Seigneur.

ANTIOCHUS
Hélas !

Supplément pour étude

Les fiches élève proposées ont été conçues par des pro-
fesseurs afin de servir d'exercices dans le cadre d'une étude
approfondie de cette œuvre.

Présentation de l'œuvre

Dans la Rome du Ier siècle, Titus doit être nommé empereur par le Sénat pour succéder à son père défunt. Une décision le tourmente cependant : afin d'accéder au trône, il doit sacrifier son amour pour Bérénice, reine étrangère que l'empire ne saurait accepter. Mais Titus pourra-t-il abandonner la femme qu'il chérit et le lui avouer ? Pourra-t-il compter sur l'aide de son ami le plus cher, Antiochus, secrètement amoureux de la même Bérénice ? Enfin mise au courant, Bérénice ne pourra éviter la tragédie promise, leur séparation.

Vivant au Ier siècle de notre ère, Titus est le fils de l'empereur romain Vespasien (constructeur de l'amphithéâtre du Colisée et promoteur des «Vespasiennes», ayant institué un impôt sur l'urine, décrétant que «l'argent n'a pas d'odeur»!). Après une jeunesse immorale (laissant craindre qu'il ne devienne un «nouveau Néron», selon l'historien Suétone), Titus fait ses armes sur le théâtre de la guerre et de la politique. Après deux épouses (l'une décédée, l'autre répudiée), il s'éprend de Bérénice, reine de Palestine, mais le mariage attendu n'aura pas lieu : il renvoie la reine, «malgré lui, malgré elle». Tour à tour tribun, censeur, questeur, consul, chef du prétoire, il succède à son père en juin 79. Deux mois après, le Vésuve recouvre Pompéi de ses cendres mortelles et, l'année suivante, Rome est ravagée par un incendie et par la peste. Consacrant temps et argent à combattre la maladie et à reconstruire Rome, il fait preuve d'un dévouement et d'une humanité qui lui valent le surnom de «délices du genre humain». La mort l'emporte à 41 ans, en septembre 81.

Dans sa préface, Racine cite clairement les *Vies des douze Césars* de l'auteur latin Suétone ; à cette histoire antique, on peut toutefois ajouter d'autres allusions à nos personnages, relevées dans *La Guerre des Juifs* et les *Antiquités juives* de Flavius Josèphe, ainsi que dans les *Histoires* de Tacite. Des auteurs contemporains ont aussi pu apporter de la matière à Racine, notamment Scudéry et ses *Femmes illustres* (dans sa huitième harangue, de Bérénice à Titus), Segrais et son roman *Bérénice*, qui donne un rôle non négligeable à Antiochus, ou Magnon et sa tragi-comédie *Tite*.

Racine compte aussi sur sa pièce pour plaire au roi : Louis XIV, naguère très épris de Marie Mancini, nièce de Mazarin, avait dû renoncer à son amour pour raison d'État, et épouser Marie-Thérèse d'Espagne. En des adieux déchirants que la Cour se répétait, Marie aurait renoncé elle-même à cette passion : « Vous m'aimez, vous êtes roi, vous pleurez, et je pars », que l'on rapproche du fameux vers 1 154 prononcé par Bérénice : « Vous êtes empereur, seigneur, et vous pleurez ! » (acte IV, scène 5). Racine flatte ainsi le souverain en exposant la force morale de son sacrifice pour le pays ; de même, en comparant le règne actuel à l'Empire romain, il lui confère une remarquable grandeur.

Racine contre Molière et Corneille, et Titus contre Tite. Remontons aux débuts littéraires de notre dramaturge : première tragédie racinienne représentée, *La Thébaïde* est jouée par la troupe de Molière en 1664 ; mais en 1665, si Racine offre sa nouvelle pièce, *Alexandre le Grand*, à Molière, il la lui retire soudainement pour la donner à la troupe de l'Hôtel de Bourgogne ; la rupture entre les deux hommes est consommée. Cette rivalité s'accentuera quand Racine enlèvera aussi la « Marquise » Du Parc, comédienne chez Molière, pour lui faire jouer son *Andromaque*. En 1669, dans la première préface de sa pièce *Britannicus*, très critiquée, Racine répond aussi aux reproches des partisans de Corneille en citant un dramaturge antique : « Térence même semble n'avoir fait des prologues que pour se justifier contre les critiques d'un vieux poète malintentionné... »

Enfin, en 1670, Racine et Corneille produisent chacun sur scène une version de la séparation de Titus et Bérénice. La légende rapporte que la duchesse d'Orléans aurait suggéré ce sujet de pièce en même temps à l'un et à l'autre, s'amusant par avance de la confrontation entre le vieux poète (64 ans) et son jeune concurrent (31 ans). Aucun des protagonistes de cette joute littéraire n'appuiera cependant cette plaisante version.

Créée le 21 novembre 1670, la *Bérénice* de Racine comptabilise trente représentations, tandis que *Tite et Bérénice* de Corneille, le 28 novembre suivant, est joué vingt et une fois par la troupe de Molière. Sans que Corneille ait démérité, Racine est consacré nouveau roi de la tragédie.

■ **Fiche élève 1 : à la découverte de Bérénice**

L'auteur

Rédigez sa fiche bio-bibliographique :

Nom – Prénom – Dates de naissance et de décès – Œuvres principales ;

Le mouvement littéraire auquel on l'associe :

Nom – Définition – Principales caractéristiques ;

L'œuvre : date de publication – titre : pourquoi ce choix ?

Les personnages : cherchez dans un dictionnaire qui sont Titus, Bérénice et Antiochus, personnages historiques.

Questionnaire de lecture

Dans la liste ci-dessous, entourez les thèmes présents dans *Bérénice* et rayez les autres :

La guerre à Rome – la lutte pour le pouvoir entre Titus et Antiochus – la rupture amoureuse – le choix d'une robe de mariée – l'amour impossible – le devoir

Par un système de flèches entre les personnages, indiquez qui est amoureux de qui :

Antiochus   Bérénice   Titus

Construisez le schéma actanciel de l'histoire.

Pourquoi Bérénice doit-elle quitter Rome ? Pourquoi Antiochus veut-il quitter Rome ?

Titrez et résumez les actes.

Quel est le dernier mot de la pièce ? Qui le prononce ? Selon vous, résume-t-il bien la pièce ?

Le personnage d'Antiochus est-il de trop ? Pourrait-on le supprimer ? Quel est son rôle ?

■ Fiche élève 2 : le théâtre

Maîtriser le vocabulaire essentiel

Cherchez les définitions des termes suivants :

Acte – Acteur – Aparté – Bienséance – Catharsis – Comédie – Comique – Confident – Coup de théâtre – Dénouement – Dialogue – Didascalie – Dilemme – Distanciation – Distribution – Double énonciation – Dramatique – Dramaturge – Emploi – Exposition – Intrigue – Mise en scène – Monologue – Nœud – Péripétie – Personnage – Protagoniste – Quiproquo – Règles – Réplique – Scène – Scénographie – Stichomythie – Tirade – Tragédie – Tragique – Unités – Vraisemblance

Bérénice étant une pièce écrite en vers, il convient aussi de connaître l'essentiel du lexique poétique :

Alexandrin – Allitération – Assonance – Césure – Contre-rejet – Diérèse – e muet – Élégie – Enjambement – Hémistiche – Rejet – Rime – Synérèse – Vers – Versification

Comprendre l'importance des personnages et les liens qui les unissent

Analysez l'ordre de présentation des personnages dans la distribution.

La tragédie classique

Cherchez la définition d'une tragédie. Quel est son but ? Comment s'achève-t-elle habituellement ?

Complétez cette étrange affirmation de Racine dans sa préface :

« Ce n'est point une nécessité qu'il y ait du .... et des ...... dans une tragédie ». Comprenez-vous son point de vue ?

Le classicisme

Dans quel lieu unique l'action se déroule-t-elle ? Pourquoi ?

■ Fiche élève 3 : la représentation théâtrale (fiche analytique)

Bérénice, de Jean Racine (acte ..., scène ...)		
Mise en scène de .... (année : ....)		
Éléments à repérer	**Description**	**Analyse - Interprétations possibles**
Le décor (adapté à l'action, foisonnant, minimaliste...)		
Les lumières (couleur, intensité, variations...)		
Les sons Bruitages, musiques... (in : appartenant à l'action ; off : n'appartenant pas à l'action)		
Les accessoires (prévus par l'auteur ou non, indispensables ou non...)		
Les costumes (classiques, intemporels, anachroniques...)		
Le maquillage (léger, outré...)		
Le jeu des acteurs (gestuelle, expression faciale, déclamation...)		
Les ajouts / retraits (de personnages, de scènes, de répliques...)		

■ **Fiche élève 4 : travaux divers**

Exposés à préparer

La querelle des « deux Bérénice » (Corneille et Racine)
Les règles du théâtre classique
Le registre pathétique et ses caractéristiques
Le registre tragique et ses caractéristiques

Analyse des textes

Répondez aux questions suivantes pour préparer l'étude des scènes analysées en classe :

« La plainte d'Antiochus » (I, 2, vers 19 à 50) : par quels procédés ce monologue est-il rendu pathétique ?

« L'espoir de Bérénice » (II, 5) : quelles raisons successives Bérénice imagine-t-elle pour s'expliquer le silence de Titus ?

« La confrontation des amants » (IV, 5, vers 1 103 à 1 154) : comment le dialogue progresse-t-il ? Repérez les étapes, les différents sentiments exprimés par Bérénice.

« Le renoncement » (V, 7, du vers 1469 à la fin) : en quoi ce dénouement est-il tragique ?

Lecture d'image

Le choix du portrait en couverture vous paraît-il judicieux pour représenter Bérénice ?

Débats

Selon vous, Titus est-il faible ou fort ? Trouvez des arguments pour soutenir successivement l'une et l'autre des deux thèses.

Préférez-vous lire une pièce de théâtre ou la voir représentée sur scène ?

Écriture

Antiochus décide de convaincre Titus d'épouser Bérénice. Rédigez leur dialogue en variant les arguments du roi de Comagène (n'oubliez pas de faire intervenir Titus de temps en temps).

Après le départ de Bérénice, Titus se lamente sur la perte de sa bien-aimée, puis se reprend en songeant au devoir qui est le sien désormais. Rédigez son monologue avec les deux étapes attendues.

Metteur en scène, vous écrivez à votre actrice interprétant Bérénice pour évoquer sa confrontation avec Titus (acte IV, scène 5) : selon vous, Bérénice doit-elle jouer avec plus de colère, d'ironie, d'abattement ? Vous aurez soin de justifier ces choix auprès de votre actrice.

Après avoir repéré les procédés de la parodie (tutoiement, mots familiers, anachronismes...), rédigez une nouvelle version de la tirade de Bérénice se plaignant de l'abandon de Titus (V, 5, vers 1 103 à 1 121).

Après avoir repéré les procédés du pastiche (imitation du style, des rythmes de vers, des mots fréquents, de la situation...), finissez chacun des vers inachevés de la pièce, en respectant la rime attendue et le nombre de syllabes manquantes.

Diction

Choisissez une scène à jouer, seul (un monologue ou une tirade) ou avec un camarade (un dialogue) ; entraînez-vous à lire les vers en respectant le nombre de syllabes des alexandrins (revoir les règles du e muet, des diérèses...), puis en mettant le ton.

Achevé d'imprimer en Italie par Grafica Veneta
en juillet 2013
Dépôt légal juillet 2013
EAN 9782290058602
OTP L21ELLN000499N001

—

Ce texte est composé en Lemonde journal et en Akkurat

—

Conception des principes de mise en page :
mecano, Laurent Batard

—

Composition : PCA

—

ÉDITIONS J'AI LU
87, quai Panhard-et-Levassor, 75013 Paris
Diffusion France et étranger : Flammarion

Librio

1072